V&R

Renate Haußmann / Petra Rechenberg-Winter

Alles, was in mir steckt

Kreatives Schreiben im systemischen Kontext

Mit 8 Abbildungen und 8 Tabellen

Vandenhoeck & Ruprecht

Bibliografische Information der Deutschen Nationalbibliothek

Die Deutsche Nationalbibliothek verzeichnet diese Publikation in der Deutschen Nationalbibliografie; detaillierte bibliografische Daten sind im Internet über http://dnb.d-nb.de abrufbar.

ISBN 978-3-525-46266-9
ISBN 978-3-647-46266-0 (E-Book)

Umschlagabbildung: inkje/photocase.com

Satz: SchwabScantechnik, Göttingen
Druck und Bindung: ⊕ Hubert & Co., Göttingen

Gedruckt auf alterungsbeständigem Papier.

Inhalt

Teil 2: Kreatives Schreiben integrieren und implementieren: Das systemische Schreibwirkmodell im Praxistest

Teil 3: Kreatives Schreiben praktizieren

Leitgedanken

»Nichts packt mich mehr als die Entwicklung visionärer Konzepte, die nah an den Bedürfnissen der Menschen sind und sich trotzdem an wirtschaftlicher Realität und ökonomischem Erfolg messen lassen können. Dabei interessieren mich nicht die schnellen Lösungen, sondern mehr die Fragen, die nach Antworten verlangen. Vor der Umsetzung immer neuer Entwicklungen muss es einen Schritt geben, der von einer anderen Kraft gespeist wird als von Logik und theoretischer Machbarkeit. Etwas, das stark macht, um zu widerstehen. Nicht nur Krisen, sondern auch dem allesfressenden Monster, das Anspruch heißt.«

Renate Haußmann

»Storytelling reveals meaning
without committing the error of defining it.«
(Hannah Arendt, 1975, S. 105)

»Im Prozess des kreativen Schreibens gestaltet sich in mir etwas, dass ich bis dahin nicht in dieser Form gesehen, geschweige denn dargestellt habe, obwohl alle zugrunde liegenden und genutzten Elemente bereits in mir waren. Dabei reproduziere ich nicht bereits Formuliertes, begegne auch nicht nur mir selbst wie in einem Spiegel, sondern stelle neue Bilder, Zusammenhänge, Narrationen, Geschichten, Sichtweisen her. Mit dieser Veränderung entwickle ich mich, entwickelt sich meine Wirklichkeit, mein Selbst. Schreiben ist für mich Selbstentwicklung.«

Petra Rechenberg-Winter

Zur Einführung

Schreiben wirkt und wer schreibt, wirkt

Systemische Beratung in ihren unterschiedlichen Formaten zeichnet sich unter anderem durch den Einsatz kreativer Methoden als nachgewiesen wirkungsvolle Intervention aus. Die vielfältigen Einsatzmöglichkeiten des kreativen Schreibens in der psychosozialen Beratung, in Psychotherapie, Coaching, Supervision und Mediation, in Personalentwicklung und Organisationsberatung werden dabei allerdings bisher nur punktuell beachtet. Noch fehlt kreativen, biografischen und therapeutischen Schreibansätzen die Anerkennung angrenzender Wissenschaften. Das mag daran liegen, dass entsprechende Wirksamkeitsnachweise die Hürden der Validität von Ergebnissen zu nehmen haben, die ihnen vor allem die qualitative Sozialforschung recht hoch steckt. Umso bedeutsamer ist es, dass inzwischen eine erste wissenschaftlich fundierte Zusammenfassung zu Einsatzfeldern und Wirkungsweisen der Poesietherapie vorliegt (Heimes, 2012), auf die wir nun zurückgreifen können.

Aus unseren interdisziplinären Professionen heraus und mit geschärftem Blick auf die Einsatzmöglichkeiten des kreativen Schreibens bei identifizierten gesellschaftlichen Problemen engagieren wir Autorinnen uns für die Verbreitung wissenschaftlich anerkannter Praxismodelle (Heimes, Rechenberg u. Haußmann, 2013). Darüber hinaus liegt uns die Entwicklung des kreativen Schreibens auf weitere beraterisch-systemisch relevante Handlungsfelder am Herzen.

Diese Motivation lässt uns Erkenntnisse des kreativ-biografischen und kreativ-therapeutischen Schreibens mit Erfahrungswissen aus systemischer Lehre, Therapie und Beratung verbinden. Ergänzt um neue Ergebnisse der Hirnforschung fassen wir unseren Ansatz unter dem Begriff *kreatives Schreiben* zusammen und stellen ihn ins Zentrum des systemischen *Schreibwirkmodells,* das wir auf der Grundlage wissenschaftlicher Erkenntnisse und eigener Praxisforschungen erstellten und immer weiterentwickeln. Es gründet sich auf unsere Berufserfahrungen in systemischer Therapie und Lehre einerseits und legt zum anderen den Fokus auf Personalentwicklung und Unternehmensberatung. Für diese Formate kreieren wir Schreibprojekte, die wir in unseren eigenen Tätigkeitsbereichen erproben und in diversen Fachkreisen diskutieren. Den gegenwärtigen Stand dieser Entwicklung stellen wir in diesem Buch vor. Wir möchten unsere Ideen zur breiteren Diskussion stellen, Kolleginnen[1] unsere Erfahrungen weitergeben und sie für die Praxis nutzbar machen.

Unser herzlicher Dank gilt allen Teilnehmern unserer Modellprojekte. Sie haben sich mutig auf ein ungewohntes Medium (Schreiben) eingelassen. Das Ergebnis waren wunderbare Erfahrungen, die zu Prosa und Lyrik wurden. Wir danken Herrn Günter Presting im Verlag Vandenhoeck & Ruprecht für seine ermutigende Unterstützung und Frau Sandra Englisch für ihr einfühlsames, engagiertes Lektorat.

In drei Schritten zum Schreibwirkmodell

Dieses Buch führt in die wissenschaftlichen Grundlagen des kreativen Schreibens ein, wir Autorinnen beziehen uns auf den integrativen Ansatz der amerikanischen Schreibbewegung, der das kreative Schreiben als Stil, als Spiel und als Selbsttherapie definiert (Rico, 1984/2004; von Werder, 2007) und mit neurophysiologischen Erkenntnissen verknüpft.

Daneben stellen wir ausgewählte Aspekte aus systemischer Grundannahmen vor, die für das Verständnis von Schreibwirkungen besonders interessant sind. Nach Luhmann (1986) unterscheidet die Systemtheorie drei Systeme menschlichen Lebens, die in beständiger Interaktion stehen, das biologische, das psychische und das soziale System. Alle drei sind zwar existenziell aufeinander angewiesen, und sind doch autonome Systeme, die sich aufgrund ihrer jeweils eigenen Gesetzmäßigkeiten und Ausdrucksformen wie Umwelten zueinander verhalten.

---

1 Wir verwenden die weibliche und die männliche Form nach dem Zufallsprinzip, ohne dass damit eine Hervorhebung des jeweiligen Geschlechts beabsichtigt wäre.

Diese beiden Ansätze lassen sich auf ganz verschiedene Arten miteinander in Beziehung setzen. Eine Möglichkeit ist es, das kreative Schreiben in den Fokus eines ausgewählten Systems zu rücken, zum Beispiel einer Institution mit ihren Akteuren und täglichen Herausforderungen. Im wechselseitigen Bezug zwischen Personen und Organisation nimmt das kreative Schreiben nun Einfluss auf das ganze System, indem es nach innen identitätsbildend, stärkend und motivationsfördernd wirkt und nach außen Kunden bindet und Image fördert (Haußmann, 2013).

Um solche Wirksysteme durchzuspielen, gliedern wir unser Buch in drei Abschnitte.

Im *Theorieteil* setzen wir das systemische Schreibwirkmodell in Bezug zu ressourcenorientierter, systemischer Beratungsarbeit und befassen uns mit den Dimensionen des kreativen Schreibens aus wissenschaftlicher Herleitung und Erklärung. Mit der Positionierung zu unserem Systemverständnis entwerfen wir dann die Grundlagen für das Schreibwirkmodell und verknüpfen dessen Wirksamkeit mit aktuellen Erkenntnissen aus der Ressourcen- und Resilienzforschung.

Im *Praxisteil* stellen wir erprobte Projekte vor. Wir beschreiben kreatives Schreiben als Interventionsmethode, jedoch aus unterschiedlicher Systemperspektive. Wir greifen zwei zentrale Lebensbezüge heraus, in deren Mittelpunkt der Mensch steht. Dabei betrachten wir einmal den privaten Beziehungsraum durch die Brille psychologischer Beratung und zum anderen das individuelle Arbeitsfeld im Rahmen einer Maßnahme zur Personalentwicklung.

Im *Anwendungsteil* erstellen wir eine Sammlung der von uns eingesetzten Methoden und weiterführenden Literaturhinweisen, aus denen sich kreativ weitere Schreibaufgaben ableiten lassen. Dieses Material wird kommentiert, interpretiert und bewertet, so dass sich Methoden und Impulse zu immer neuen Instrumenten schmieden lassen. Dieser Fundus möchte zur interaktiven Entwicklung neuer Schreiberfahrungen anregen, die, wenn sie individuell und institutionell angepasst sind, zu immer neuen Konzepten für kreative Schreibprojekte führen können.

Dieses Buch ist ein Arbeitsbuch. In vielfältiger Weise lädt es ein, sich mit dem systemischen Schreibwirkmodell zu beschäftigen. Für Professionelle unterschiedlicher Disziplinen, die im Feld systemischer

Beratungsarbeit tätig sind, ist es ein Interventionstool mit wertvollen Informationen und aktuellen Erkenntnissen. Am kreativen Schreiben Interessierte erfahren neue Einsatzfelder und Herangehensweisen. Um es in weitere Praxisfelder zu übertragen, regt das systemische Schreibwirkmodell zur theoretischen Einbettung in angrenzende Wissenschaften an. Und letztlich möchten wir Autorinnen alle, die mit dem systemischen Schreibwirkmodell arbeiten, ermuntern, ihre Ergebnisse zu evaluieren und zu kommunizieren.

Kontakt:

Renate Haußmann und Petra Rechenberg-Winter
SCHREIBWEISE HAMBURG
Veilchenstieg 29
22529 Hamburg
Telefon: (040) 49 34 32
E-Mail: info@schreibweise-hamburg.de
Webseite: www.schreibweise-hamburg.de

Teil 1:

Kreatives Schreiben in der systemischen Beratung

Dimensionen des kreativen Schreibens: Wer schreibt, muss nicht gleich Schriftsteller werden

»Wirst du jetzt Schriftstellerin?«, fragt mich ein Kollege erstaunt, nachdem ich ihm, nicht ohne ein gewisses Sendungsbewusstsein, lebhaft kreative Schreibtechniken beschreibe. Meine Begeisterung scheint ihn zu irritieren, doch bald können wir klären: Wer schreibt, muss nicht gleich Schriftsteller werden, und es geht weniger ums Erstürmen der Bestsellerliste als vielmehr um das Schreiben an sich. Prozess versus Produkt ist dabei nicht unvereinbar, doch unterscheiden sie sich in ihrer Intention. Der Ansatz des kreativen Schreibens stellt den Schreibprozess als »work in progress« in den Mittelpunkt, der sich primär nicht an ein Publikum richtet, sondern Selbstzweck ist. Dass daraus später durchaus Veröffentlichungen entstehen, ist natürlich nicht ausgeschlossen.

Schreiben ist per se kreativ, setzt es doch die Fähigkeit voraus, vielfältige und komplexe Handlungsmuster zu aktivieren und wirkungsvoll zueinander in Bezug zu setzen (Kruse, 1994). Kreatives Schreiben umfasst ein weites Feld. Es ist zum einen ein pädagogischer Ansatz vieldimensionalen Lernens, der zur Selbsterkenntnis im Spiel mit diversen literarischen Formen einlädt. Als eine spezifische Form des »think on paper« (Mischon, 2010) fördert es die Selbstbegegnung mit eigenem biografischen Material.

Gleichzeitig bietet kreatives Schreiben einen Erklärungsansatz für die Vielschichtigkeit kreativer Prozesse (Bloch, 1959, 1964). Es berücksichtigt die psychologische Funktion schreibender Auseinandersetzung in der Zwischenwelt des Papiers (vom Scheidt, 1995) bis ins (Selbst-) Therapeutische (Rico, 1999; Platsch, 2010) und weiter zur Poesietherapie (Petzold u. Orth, 2005; Heimes, 2009).

Kreatives Schreiben umfasst gruppendynamische Erfahrungen, wenn beispielsweise im Rahmen einer Schreibwerkstatt die entstehenden Synergieeffekte des gemeinsamen Schreibens und Vorlesens zur persönlichen Ideenentwicklung genutzt werden (Mattenklott, 1979) oder man sich beim konstruktiven Feedback in der Resonanz der anderen auf den eigenen Text spiegelt.

Anbieter kreativen Schreibens experimentieren mit unterschiedlichen Settings, wie *Schreiben unterwegs* (Cremer et al., 1996) und *Schreiben vor Ort*, oder entwerfen *Schreibnächte* (Girgensohn u. Jakob, 2010). Und nicht zuletzt versteht sich kreatives Schreiben als literarisches Handwerk mit einer Fülle von Erzähltechniken (Gesing, 2010; Krechel, 2010), das erlernt werden kann, wie im Studiengang »Kreatives Schreiben und Kulturwissenschaften« an der Universität Hildesheim (Ortheil, 2005), als Schriftstellerausbildung am Deutschen Literaturinstitut Leipzig (Haslinger u. Treichel, 2006) oder in der Schreibberatung des Literacy Management an der Fachhochschule Freiburg (Bräuer, 2005).

Und sollte dann das Schreiben stocken und Schreibblockaden den Kontakt des Schreibenden zu seinem Text unterbinden oder sich gar lähmende Schreibhemmungen einnisten, dann bietet kreatives Schreiben einen wirksamen Coachingansatz.

So eröffnet kreatives Schreiben einen vieldimensionalen Entwicklungsraum. Es fördert den prozessualen, nie abgeschlossenen »individuellen Gestaltungswillen, angetrieben von den schreibeigenen Ausdrucks- und Kommunikationsbedürfnissen« (Bräuer, 1998, S. 54) und umfasst damit mehr als die Übersetzung des *Creative Writing*, das in den USA unter anderem als literarische Kompetenz gelehrt wird (Schenkel, 1998). Im deutschsprachigen Ansatz geht es auch und besonders um Schreiben mit selbstreflexivem, selbsttherapeutischem Ziel. Es ist eine Auseinandersetzung mit den eigenen Erfahrungen, Erlebnissen, Gefühlen, Bewertungen und Handlungen. Im Masterstudiengang »Biografisches und kreatives Schreiben« bietet die Alice-Salomon-Hochschule Berlin eine entsprechende Ausbildung an.

Kreatives Schreiben zur Entwicklung, Qualifizierung und Beratung

Kreativität im System entdecken

Kreatives Schreiben fördert die Entwicklung von persönlichem Wachstum, von Kommunikation und kontextbezogenen Prozessen. Individuell angewandt, erweitert es die persönliche Ausdrucksfähigkeit und bietet eine spielerische Entdeckungsreise zu sich selbst. Bereits der Hinweis, dass dabei nichts falsch zu machen ist, entlastet. Ohne den alltäglichen Leistungsdruck erleben sich die schreibenden Menschen erfolgreich, entdecken neue oder vergessene Seiten an sich und sind nicht selten überrascht, was so alles in ihnen steckt. Mit kleinen Texten oder lyrischen Verdichtungen ihrer Erfahrungen sensibilisieren sie ihre Selbstachtsamkeit, erfahren sich selbstwirksam, bergen Vorbewusstes und nähern sich biografischen Themen auf spannende, neue Weise.

Im Zuge dieser Auseinandersetzungen erweitern sie ihr persönliches Kommunikationsspektrum und die Interaktionen mit anderen Menschen. Literarisch verfremdet lassen sich beispielsweise unaussprechliche, tabuisierte Erfahrungen in Sprachbilder oder Metaphern formulieren. Bereits Textminiaturen können als ausdrucksstarke Mitteilungen wirken, deren Inhalt sich vielleicht mit üblichen Worten gar nicht vermitteln ließe.

Eine weitere soziale Komponente des kreativen Schreibens liegt in der Ausdifferenzierung des persönlichen Sprachstils, der sich bei regelmäßigem Schreiben schon bald einstellt. Sich treffender mitzuteilen, wirkt nicht nur in persönlichen Beziehungen, sondern verhilft auch dazu, fachliche Kompetenzen auszubauen, diese eindeutig zu kommunizieren und sich beruflich wirkungsvoll zu positionieren.

Kreative Prozesse sind immer zirkuläre Entwicklungsprozesse von persönlichem Wachstum im systemischen Wechselspiel mit der Umgebung. Das Tun des Einen wirkt auf das Tun der Anderen (Stierlin, 1976). Kunst und Kultur bieten gute Beispiele für eigenwillige Bearbeitungen menschlicher Herausforderungen, sind sie doch in Form ihrer diversen Stile ein »Spiel von Differenzen im historischen Zeitverlauf« (Reckwitz, 2012, S. 69), das »die gesamte Struktur des

Sozialen und des Selbst der Gegenwartsgesellschaft« umfasst (S. 15). In der Gegenwartsgesellschaft haben sich die Anforderungen und der Wunsch, schöpferisch Neues hervorzubringen und kreativ zu sein, in bisher unbekanntem Ausmaß als Kreativitätsimperativ und Kreativitätswunsch verbreitet.

Individuelle Wachstumsprozesse finden sich ebenso in komplexen, größeren sozialen Systemen, in Einrichtungen und Wirtschaftsbetrieben, die nach eigener Logik Lösungen für ihre Fragestellungen entwickeln müssen und in beständige gesellschaftliche Veränderungsprozesse eingebunden sind. Von der Veränderung subjektiver Deutungen und Verhaltensregeln über Veränderungen der Interaktionsstrukturen bis hin zu Veränderungen der zukünftigen Entwicklungsrichtung immer wieder entwickeln Systemmitglieder in diesen Wirkungsgefügen ihre Systemrationalitäten und sind aufgefordert, ihre Möglichkeitsräume zu erweitern. Um den Systemvorteil zu nutzen, gemeinsam qualitativ und quantitativ größere Leistungen erbringen zu können als es der Summe der beteiligten Individuen möglich ist, erfordert beständige Koevolution, Sensibilität für Störsignale und aufmerksame Interaktion. Mut zu Kreativität und Hoffnung in die eigenen wie in die Systemressourcen sind unverzichtbar, sollen Herausforderungen oder Konflikte transformativ fürs Bezugssystem genutzt werden. Fragt dann ein System um professionelle Unterstützung an, können gezielte Schreibinterventionen kreative Dimensionen zu wirkungsvoller Strategieentwicklung eröffnen.

Kreativität als Qualitätsstandard

Kreativität ist Bestandteil beruflicher Kompetenz, besonders bei Professionellen, die viel Emotionsarbeit leisten, indem sie als Personalerin, Ärztin, Lehrkraft oder Coach mit Menschen arbeiten, in der Sozialarbeit, therapeutisch oder als Führungskraft. Ihre Fähigkeit zur Selbstreflexion ist unverzichtbarer Bestandteil verantwortlichen beruflichen Handelns. Selbstcoaching zählt bei ihnen zu den Qualitätsstandards. Hier bietet kreatives Schreiben eine Form, sich schreibend die notwenige Metaebene zu eröffnen und aus dieser Außenperspektive berufliches Handeln in Systemzusammenhängen zu betrachten.

Menschen, die mit Menschen arbeiten, entwickeln eine besondere empathische Schwingungsfähigkeit, die sie im Lauf ihrer Berufsjahre überfordern kann. Es sei denn, es gelingt ihnen, neben hoher Achtsamkeit für ihr Klientel auch in gleichem Maße Selbstachtsamkeit zu entwickeln. Nur dann können Nähe und Distanz angemessen ausgelotet werden, wenn sie geeignete Räume zur Verfügung stellen und gleichzeitig Grenzen einhalten (Fengler, 1996; Conen, 2006).

Kreatives Schreiben stellt für diese Professionellen förderliche Methoden bereit, um im heilsamen Kontakt mit sich zu bleiben bzw. diesen immer wieder herzustellen. Untersuchungen von Pennebaker (2010) belegen diese Wirksamkeit bei Patientinnen, und so ist davon auszugehen, dass sich diese Ergebnisse auch auf ihre Behandler übertragen lassen. Untersuchungen zur professionellen Entwicklungen von Psychotherapeutinnen über die Lebensspanne (Jeschke u. Wolff, 2010) belegen, dass die persönliche und professionelle Entwicklung dieser Berufsgruppe stärker ineinandergreifen, als sie es in anderen tun. Heilendes Engagement in der praktischen Arbeit und erlebtes (persönliches) Wachstum stehen in positiver Wechselwirkung zueinander. Kreatives Schreiben bietet gezielten Methodenzuwachs, um persönliches Wachstum und Fachlichkeit zu erweitern.

Nicht zuletzt unterstützten Techniken des kreativen Schreibens bei anfallenden schriftlichen Dokumentationen. Sie verhelfen dazu, Berichten, Konzepten oder Angeboten eine eigene Handschrift zu geben und Fachartikel spannender oder nachvollziehbarer zu formulieren. Wen wundert es, dass dann auch die persönlichen Mails und Briefe authentischer und sinnlicher werden?

Kreatives Schreiben als Intervention

Kreatives Schreiben ist also ein wirkungsvolles Instrument, und es liegt dazu inzwischen eine umfangreiche Literatur vor. Fort-, Aus- und Weiterbildungen erobern sich ihren Markt und verhelfen dem kreativen Schreiben dazu, sich als wissenschaftlich fundierten Ansatz darzustellen, der weit mehr als nur Freizeitvergnügen zu bieten hat. So aus der Hobbyecke herausgetreten, liegt es nahe, kreative Schreibübungen situations- und themenentsprechend in gängigen Beratungsformaten einzusetzen. Die psychologische Wirksamkeit von Erzählen und Beschreiben hat wohl jeder Mensch schon erfahren. Eindrücke benötigen Ausdruck, und bei jedem neuen Erzählen verändert sich die betreffende Geschichte ein wenig. Bisherige Wahrnehmungen und

Verhaltensmuster werden vielleicht nur in Nuancen oder aber bewusst neu beschrieben, in jedem Fall liegt in diesen Rekonstruktionen eine Entwicklungschance. Im Erinnern, Wiederholen und Durcharbeiten, im Wechselspiel vom regressiven Prozessen und sich lösendem Einlassen werden alte Strukturen betrachtet, eventuell verändert, bewertet und progressiv überarbeitet (Fröchling, 1998).

Dafür, dass und wie kreatives Schreiben wirkt, gibt es einige Erklärungsansätze. So entwickelte Ernst Bloch ein Modell des künstlerischen Produktionsprozesses, das drei zyklisch ineinandergreifenden Phasen beschreibt, die *Inkubation, Inspiration* und *Explikation.* »In der Inkubation ist ein heftiges Meinen, es zielt auf das Gesuchte, das im dämmernden Anzug ist« (Bloch, 1959, S. 138). Ein Gedanke weht mich an, eine Erinnerung ploppt auf, führt leise oder heftige Gefühle im Gepäck, lässt mich nicht mehr los, schiebt sich hartnäckig zwischen meine Alltagsüberlegungen, malt mir Traumbilder und lässt sich auch von meiner Betriebsamkeit nicht abschütteln. Die sich anschließende Inspiration »macht das Jähe kenntlich, das erhellend und begeisternd Einschlagende, den plötzlichen Durchblick« (S. 138). Ich skizziere, einem Tagtraum ähnlich, meine Geschichte weiter in ihre Offenheit hinein. Meine Geschichte entwirft und belebt sich. Immer mehr Details drängen sich mir auf, Gerüche, Farben und Melodien. Ich greife in meiner Fantasie nach Möglichem. Protagonisten lenken erste Handlungsabläufe und spornen mich an, meine Geschichte weiterzuspinnen. In der Explikationsphase wird »schließlich […] ausgeführt, was von der Unruhe und ihrer Ahnung gezeigt war. Das geschieht […] im qualvollen, arbeitsseligen der Explikation. Genie ist Fleiß« (S. 141). Aus den vielfältigen Inspirationen wähle ich aus, wage den Sprung von der Quantität meiner Einfälle zur Qualität meines Textes. Im wiederholten Durcharbeiten gestaltet er sich aus. Ich erkenne Details und ein sinnlicher Erkenntnisprozess findet statt. Systematisch erschließen sich Stärke, Tiefe und ein »Hinaussein über das bisher bewusst Gegebene […], Gestaltung des bisher noch nicht Gestalteten« (S. 142). Bloch sah in diesem Phasenablauf ein Grundmuster allgemeiner menschlicher Entfaltungsprozesse.

In ähnlicher Weise beschreibt die Kreativitätsforschung (Holm-Hadulla, 2005) den kreativen Wirkprozess in vier zirkulierende Phasen. Dieses Modell, das auf den Physiker Hermann von Helmholtz und den

Mathematiker Henri Poincaré zurückgeht, wurde von Graham Wallas (1926) zu einer systematischen Kreativitätstheorie formuliert. In der *Präparations- und Inspirationsphase* oder *Saturation* (Poincaré) werden Ideen entwickelt, Informationen und Erinnerungen gesammelt. In dieser ersten Phase notiere ich mit gesteigerter Aufmerksamkeit, was ich alles im thematischen Zusammenhang entdecke, baue mein Wissen aus, suche inspirative Umgebungen und forsche noch weitgehend regiefrei.

Aus der Praxis eines Schreibmodells lässt sich diese Phase entsprechend darstellen (Teil 2: Schreibworkshop 1). Mit der Methode des → Clusterings[2] (Teil 3, S. 117; Rico, 2004) zur Bestandsaufnahme im Rahmen eines Schreibprozesses zur Bewältigung von Belastungen im Arbeitsprozess wird zu den Kernworten (berufliche) »Belastung«, den (individuellen) »Auswirkungen« und den eigenen Strategien zur »Bewältigung« umfassendes Material gesammelt. Gesteuert durch die Methode, die nachweislich begriffliches und bildliches Denken zusammenführt, indem sie beide Gehirnhälften an der Assoziation beteiligt, entsteht aus einem ununterbrochenen Gedankengang ein schöpferischer Prozess. Im Ergebnis wird die Selbstanalyse, die thematisch animiert wird durch die Kernworte, gleichermaßen zur Problemanalyse und zur Systemanalyse. Potenzielle Themenfelder für den kommenden Schreibprozess werden freigelegt.

Dieses Tun bearbeite ich in der *Inkubationsphase,* strukturiere probeweise und spiele optionale Umsetzungsformen durch. Ich verwerfe, assoziiere, entwerfe neu und ergänze fehlendes Material. All das angesammelte Rohmaterial reift bewusst und unbewusst in mir, ähnlich der medizinischen Inkubation zwischen Infektion und Krankheitsausbruch.

Mit Techniken und Methoden des kreativen Schreibens können durch den Perspektivwechsel von Nähe und Distanz Themen durchdrungen werden (Teil 2: Schreibworkshop 1). Der Wechsel der Perspektive erfolgt dadurch, dass ich aus dem Material meines Clusters einen Begriff oder ein Thema herausschreibe und dann verdeckt der Gruppe zur Verfügung stelle. Mit dem zufällig gewählten *fremden*

2 Alle mit Pfeil gekennzeichneten Methoden, die im Curriculum verwendet werden (siehe auch Tabelle 1), werden in Teil 3 des Buches ausführlich erläutert.

Begriff wird dann mit der Methode → assoziatives Schreiben (Breton, 1986) (Teil 3, S. 116 f.) fünf Minuten aus dem persönlichen Erlebensbereich assoziiert. Die Überarbeitung findet durch die wiederholte, distanzierte Auseinandersetzung mit sich selbst statt. Ich schreibe zu einem *fremden* Problem einen Text und höre zu meinem eigenen Text eine *fremde* Interpretation.

Besonders Bedeutsames kristallisiert sich heraus, kreative Einfälle blitzen auf oder beleuchten hartnäckig die Ergebnisse kreativer Ablagerungen und führen zu einer vertieften Auseinandersetzung mit meinem Material. In dieser *Illuminationsphase* verdichten sich Erkenntnisse zur Umsetzung und konkretisieren sich.

Der kreative Dialog mit sich selbst führt zu neuen Ideen. Es entstehen Wahrnehmungsvarianten, die in dieser Phase durch gezielte Schreibübungen unterstützt werden können (Teil 2: Schreibworkshop 1). Mit dem Impuls »Meine Tankstelle« wird die Rückbesinnung auf eigene oder dazu gewonnene Stärken angeregt. In freier Form des Schreibens, lediglich begrenzt durch die Zeitvorgabe von zehn Minuten, können neue Erkenntnisse erobert werden und stehen für die eigene Entwicklung zur Verfügung.

Deren letztendliche Ausgestaltung findet dann in der *Verifikations-* oder *Elaborationsphase* statt, in der ich überprüfe, korrigiere, umstelle, es mit meinen Zweifeln aufnehme, bis eine stimmige Ausarbeitung vorliegt.

Auch im Schreibmodell geht es in dieser Phase um die Anwendung wiederentdeckter oder verstärkter Ressourcen, die sich im Prozess des Schreibens entwickeln konnten. Neues Wissen lässt sich im Schreiben aktivieren und auf eine reale Umsetzungsebene übertragen. Die Reflexion des eigenen Schreibprozesses ist in jeder Phase das geeignete Mittel, um sich des eigenen Entwicklungsstandes zu vergewissern. Mit dem Impuls »Wenn ich schreibe …« wird das Schreibergebnis in Bezug zur individuellen Entwicklung assoziiert. Neues Wissen ist in der Realität angekommen und hat sich bereits ins Leben integriert.

Ansätze der Psychotherapie sehen eine vergleichbare Grundstruktur im mäandernden *Erinnern, Wiederholen, Durcharbeiten* und *Integrieren* biografischer Inhalte, denn beraterische und therapeutische Bearbeitung ist immer ein kreativer Prozess (Heimes, 2009).

Wir Autorinnen orientieren uns vor allem an den Ansätzen der Kreativitätsforschung und Psychotherapie, um sie mit dem neurophysiologischen Schreibmodell von Gabriele Rico zu verbinden. Sie berücksichtigt Ergebnisse der Hirnforschung zu den sich ergänzenden tiefgreifenden Prozessen beider Hemisphären unseres Gehirns bis hinein in deren höhere psychologische Funktionen. So kooperiert in kreativen Prozessen die rechte emotionale Hirnhälfte mit der linken rationalen. Gabriele Rico (1984/2004) greift dies in ihrem ganzheitlichen begrifflichen und bildlichen Modell des Schreibprozesses auf. Sie geht dabei von dem Wunsch aus, »Erlebtes zu formen, sich selbst auszudrücken, die verwirrende Vielfalt der Erfahrungen in unserer Innenwelt ebenso wie in der Außenwelt zu gestalten und zu strukturieren. Natürliches Schreiben ist zuallererst ein Akt der Selbstdefinition, in dem Sie sich bewusst werden, was Sie entdecken, was Sie in Erstaunen versetzt, was Sie empfinden, sehen, hören, berühren, schmecken« (Rico, 1984/2004, S. 14).

Wenn ich beginne, meine Einfälle aufzuschreiben und sie zu gliedern, aktiviere ich vor allem damit mein ordnendes begriffliches linkshemisphärisches Denken, um es mit dem ganzheitlich-bildhaften Modus der rechten Hemisphäre in einer möglichst lebendigen Choreografie zu verbinden. Ricos Methode des Clusterns unterstützt diesen Tanz, in dem frei assoziierend und spielerisch von der Bildmitte ausgehend Begriffe gesammelt werden. Nach einer gewissen Zeit gibt dieses Cluster ein Versuchsnetz frei, aus dem sich eine Schreibidee herauskristallisiert, ein Ansatzpunkt für einen offenen Text, eine Miniatur oder ein erster Entwurf.

Wechselnd mit der rechten und der linken Hand schreiben, spiegelbildlich, zwischen Bleistift, Füller und Filzstift wechselnd, farbig in feinen und dann wieder kräftigen Linien schreiben, auf dem Computer oder in Steno, all dies unterstützt beim Verfassen wirkungsreich. Und wenn ich mir dann beim lauten Lesen meines Textes im distanzierten Zuhören selbst begegne, entdecke ich Nuancen, Verdichtungen, Bedeutungszusammenhänge und gewinne schon wieder reichlich Stoff fürs Weiterschreiben (Baumgarten, 2013).

So entwickle ich nicht nur meinen Schreibstil weiter, sondern auch mich selbst. Ich stärke meine kreativen Ressourcen, und wer kreativ handelt, kann flexibel auf Herausforderungen reagieren, Neues wagen.

Die Enge des Bewusstseins wird überwunden und eröffnet mir einen Zugang zum großartigen Speicher von Erfahrungen, Trost, Verständnis, von Hoffnung auf Kohärenz und Identität.

Dafür benötige ich Zeit, Eigenzeit, einen Rückzug, den mein Gehirn für seine Aktivitäten nutzt. Diese Auszeit ist keinesfalls verlorene Zeit, sondern jetzt sortieren sich die Dinge nach Relevanz und Wichtigkeit, um mit spielerischer Neugier nach neuen Lösungen zu suchen. Beständige Konzentration auf ein Thema dagegen schafft einen voraktiven Zustand und stört das Gehirn nur bei seiner Lösungsfindung (Spitzer, 2011). Die gezielte Aufmerksamkeit fordert fortlaufende Verarbeitung der gebündelten Gedanken. Meine unbewusste Kreativität dagegen braucht Raum. Erst in der Ruhe generiert das Gehirn Aktivitäten aus sich heraus. Im Einklang mit dem, was mich wirklich beschäftigt, verbinde ich mich rückkoppelnd mit mir selbst und erlebe mich kohärent.

Eine solche Muße ist Zeitwohlstand (Hatzelmann u. Held, 2004) und ermöglicht Berührungserfahrungen. Tiefe Zuwendung und feine Wahrnehmung lassen Erfahrungen unter die Haut dringen und sprechen emotionale Zentren an. Aus diesen emotionalen und kognitiven Anteilen werden im Frontalhirn Netzwerke aufgebaut, aus denen sich wiederum innere Überzeugungen entwickeln und zu sinnstiftenden Haltungen verdichten.

»Das Hirn wird so, wie man es benutzt. Besonders wenn ich etwas mit Begeisterung tue, werden neuroplastische Botenstoffe ausgeschüttet und in Folge dessen neue synaptische Verschaltungen gebildet« (Hüther, 2012). Kreatives Schreiben lädt ein, ermutigt und inspiriert zu neuen Erfahrungen, verbindet sich mit eigenen Bedürfnissen. Im spielerischen Auflösen erstarrter Denk-, Fühl- und Handlungsmuster zeigt sich jetzt etwas von persönlichem Können und von Leistungsfähigkeit. Daran kann eine Haltung von Neugier und Gestaltungsfreude wachsen.

Poesie ins Leben bringen

Auf diesem Hintergrund verstehen wir kreatives Schreiben als einen ganzheitlichen Prozess im Sinne des integrativen Ansatzes, der literarische, spielerische, kognitive, psychische, spirituelle und soziale Schreibaspekte zusammenführt in einer »Integration rationaler und emotionaler Aspekte des kreativen Schreibens« (von Werder, 2007, S. 23). Die

Stärke dieses Ansatzes liegt darin, kreatives Schreiben als Instrument zu nutzen, um Impulse in eine literarischen Form zu bringen und emotionale und kognitive Prozesse spielerisch zu unterstützen. Schreibbezogene, spielerische, assoziativ angewandte Methoden befördern Erinnern und Ideenfindung, strukturieren Material, fördern den adressatenbezogenen Schreibfluss und eine sprachlich-stilistische Textqualität (Bräuer, 2005).

Weil Menschen Realität nicht direkt erfassen können, machen sie sich innere Bilder und erstellen innere Landkarten. An denen orientieren sie sich und entscheiden, wofür sie sich einsetzen. Sie leiten daraus ab, worauf sie ihre Aufmerksamkeit lenken und auf welche Weise sie ihre Vorstellungen umsetzen. Geschieht diese Auseinandersetzung mit kreativen Schreibmethoden, umfasst sie die drei genannten Ebenen von Stil, Spiel und Selbsterkenntnis. Dieses individuelle Prozessgeschehen wirkt auf die soziale Umgebung ein, die ihrerseits darauf reflexiv Bezug nimmt, und so bilden sich Interaktionsschleifen individuellen Ausdrucks, sinnlicher Wahrnehmung, kreativer Ideenentwicklung und aktivierter Ressourcen.

Doch wohin führen mich diese Entwicklungen? Der Ausgang ist jeweils offen, und das erfordert Mut. Jede notwendige und als riskant erlebte Veränderung ist ein Wagnis. Das neue Unbekannte ist immer auch mit warnender Furcht verbunden. Neuland ist unsicheres Terrain. Wie werde ich dort Fuß fassen, mich zurechtfinden, mich einfinden? Angesichts des Ungewissen belasse ich vielleicht doch lieber alles beim Alten? Aber der Gedanke ist gefasst, die Idee bereits im Bewusstsein und ich damit in einem Prozess, der einer »Performation der Persönlichkeitsentfaltung« entspricht, denn er »legt Spuren in die Poesie des eigenen Lebens« (Mischon, 2010, S. 11).

Damit Kreativität gelingen kann, sind systemische Rahmenbedingungen notwendig, die es begünstigen, dass Ergebnisse des Schreibens im persönlichen Bereich oder im beruflichen Kontext umgesetzt werden. Dazu gehört es, Veränderungen willkommen zu heißen und zu erkennen, dass sie zwar ein inneres Spannungsverhalten auslösen, doch das genau dieses einen Prozessmusterwechsel auslöst. Es sind eben diese Verstörungen, die heilsame Verwirrungen auslösen. Sie intendieren Rückkoppelungsschleifen und bilden auf diese Weise neue soziale und neuronale Netzwerke.

Mit solchen unkalkulierbaren Phänomenen kann unser menschliches Gehirn nicht nur umgehen, sondern differenziert sich vielmehr als komplexes dynamisches System daran aus. Es entwickelt sich in hoher Interaktivität aufgrund dieser Erregungen, Störungen und Lösungsbewertungen weiter.

Stelle ich mich solch einer Auseinandersetzung schriftlich, erlebe ich eine mich bewegende Begegnung. Die aktuelle Sicht darauf ist anders als frühere Perspektiven. Sie macht vielleicht nur einen minimalen Unterscheid und ist doch ein erweiterter Blick, mit dem ich meine Geschichte nochmals und doch verändert erzähle. Ich konstruiere neu, nutze die Kraft der Poesie (*poiein,* giech. schaffen, fertigen), um im besten Bedeutungssinn eigensinnig dieses Bild in meine eigene Biografie einzuschreiben. Das entspricht der systemischen Grundannahme der Autopoiese (griech. Selbsterschaffung, -erhaltung), dass Menschen sich in ihren Interaktionssystemen innerhalb ihrer Möglichkeiten und Sinngrenzen generieren. Wohin so ein Impuls führt, ist immer offen und höchstens nach der Wahrscheinlichkeitsberechnung planbar, doch auch diese übernimmt bekanntlich keine Gewähr.

Und so wirken auch die Schreiberfahrungen systemisch in die Bezugsfelder und Beziehungsgefüge der Schreibenden hinein. Neue Narrationen werden zu alternativen Geschichten im Miteinander der aufeinander bezogenen Menschen. Sie entstehen infolge tatsächlicher Kommunikation oder als Reaktion auf innere Aktivitäten. Sie lösen Gedanken und Impulse bei den einzelnen Systemmitgliedern aus, die diese ihrerseits zu Bewusstsein und Handlungen verarbeiten. Vielleicht führt meine schreibende Auseinandersetzung dazu, in einer Konfliktsituation meine »Mitgliedschaft im Problemsystem« (Ludewig, 2007) zu kündigen? Oder ich schreibe zu früheren Freuden, lasse mich nochmals auf spannende erste Begegnungen mit einem mir verbundenen Menschen ein, empfinde glückvolle Momente in ihrer damaligen Intensität und weiß wieder deutlich, was uns verbindet. Unsere nächste Begegnung wird davon geprägt sein, ob ausgesprochen oder atmosphärisch.

Im Wechselspiel der Wirklichkeiten

Ein solcher Dialog mit sich selbst ist ein Wandlungsprozess. Systemisch betrachtet, ist er ein Prozess kontinuierlicher Selbstherstellung und Selbstorganisation. Rückkoppelnd an die Umgebung gelingt es, sich entweder in einem relativ stabilen Zustand zu erhalten oder aber sich weiterzuentwickeln. Die Chance zu letzterem ergreifen Menschen, wenn sie ihre bisher einengenden Geschichten zugunsten neuer Perspektiven zurücktreten lassen. In dieser Betrachtung ist es ihnen dann vielleicht eher möglich, in ihren Problemen auch konstruktive Lösungsentwürfe zu entdecken (De Shazer, 2006). Speziell der narrative Ansatz (Allport, 1959) betont die Bedeutung des zwischenmenschlichen Dialogs für Entwicklungsprozesse. Im gemeinsame Erzählvorgang bilden sich alternative Geschichten heraus, die ihrerseits einen weiteren Handlungsspielraum schaffen. Systemische Beratungskonzepte arbeiten konsequent mit diesem Entwicklungsverständnis. Indem sie individuelle Wirklichkeiten als veränderbare Resultate ansehen, nutzen sie das Geschichten Erzählen und Hinterfragen für deren Veränderung und Neugestaltung, denn »es ist nie zu spät, eine glückliche Kindheit zu haben« (Furman, 1999).

Sich selbst gestalten

In diesem grundlegenden Verständnis, dass Menschen sich ihre Wirklichkeit selbst schaffen und erkenntniskritisch wieder verändern können (Watzlawick, 1979), liegt eine bedeutsame Schnittstelle des systemischen Ansatzes zum kreativen Schreiben.

Schreiben ergänzt das in Beratungssituationen übliche Gespräch. Es lässt sich als Dialog nutzen mit sich selbst und der Welt, als intuitives Gespräch mit inneren Anteilen und unbewussten Aspekten, die dabei zu Hilfsfiguren werden können. Oder sie bilden ein Gegenüber, das weiterführendere Antworten gibt als die, auf die das Tagesbewusstsein gerade zurückgreifen kann. Das Papier eröffnet eine innere Bühne für vergessene Inhalte, tabuisierte Gedanken, unübliche Glaubenssätze, neue Rollen oder kühne Impulse. In dieser schreibenden Zwischenwelt sind alternative Lösungen möglich und vielfältige Optionen offen. Alle lassen sich probehandelnd erleben und so lange schreibend durchspielen, bis sich neue Handlungssicherheiten entwickelt. Das

Geschriebene bleibt und wird außerhalb des Beratungssettings vielleicht einem Anker im Alltag oder zu einer wohlwollenden inneren Beratungsinstanz. Ausgehend von der Grundannahme, dass Systeme sich selbst organisieren, ist in der systemischen Beratung eine ganz entscheidende Frage, wie denn Autopoiese entwicklungsförderlich zu unterstützen sei. Nach den Ursachen für Probleme, Konflikte und Krisen zu schürfen, ist nur begrenzt hilfreich, denn wer die Ursachen kennt, weiß jetzt zwar um Verschlimmerungsmöglichkeiten, nicht jedoch um Lösungen.

Im Raum der Möglichkeiten

Der Blick auf Lösungen führt aus der Problembetrachtung hinaus und eröffnet Möglichkeitsräume, vermittelt Hoffnung und stimuliert eine selbstwirksame Haltung. Gleichzeitig verdeutlicht er, dass das Entwicklungspotenzial in jedem Menschen selbst schlummert und angestrebte Veränderung in seinem Verantwortungsbereich liegen.

> Ein Klient sieht sich vor der Entscheidung, ob er die Aufstiegschance, die ihm sein Arbeitgeber anbietet, annehmen soll. Diese neue Tätigkeit wäre nicht nur mit noch mehr Zeitaufwand verbunden, sondern er müsste in eine circa 700 Kilometer entfernte Stadt umziehen. Während seine Frau noch unentschieden sei, wehrten sich seine drei Töchter vehement, ihren jetzigen Wohnort zu verlassen. Er und seine Familie seien dort sozial sehr gut eingebunden. In der Sitzung betrachtet er an einem bunten Seil, mit dem er symbolisch seinen bisherigen beruflichen *Entwicklungsfluss* auf dem Fußboden darstellend auslegt, ausgewählte einzelne Stationen mit deren Herausforderungen, Erfahrungen und Erkenntnissen. Er sucht am Zukunftsabschnitt des Seils den *Geschafftpunkt,* an dem er sein wird, nachdem all diese aktuellen Herausforderungen gemeistert sind. Dort stehend, nimmt er Kontakt mit den entstehenden inneren Bildern auf und verbindet sich imaginär mit der *gelungenen Geschafftsituation.* Er wirkt zunehmend berührt, so dass ich ihm vorschlage, von dort, also aus der Zukunft, einen Brief an sich im *Jetzt* zu schreiben. Er schreibt schnell, insgesamt fünf Seiten auf verschiedenfarbigem Papier. Abschließend sagt er, dass er diesen Brief an sich und seine Familie adressiert habe und ihn nicht mit mir, sondern mit seinen Liebsten lesen werde.

Solch eine entwicklungsorientierte Herangehensweise aktiviert die Kräfte, die Menschen in die Lage versetzen, sich aus sich selbst heraus zu stärken, zu entwickeln und gegenseitig zu befördern. Es sind oft einfache Übungen des kreativen Schreibens, die diese sich selbst sichernden Entwicklungsprozesse intendieren, begleiten und moderieren. Selbstsicherheit, sich selbst sicher sein, wird grundlegend gefördert, indem hier Schreiben nicht leistungsbezogen stattfindet. Den inneren Kritikern wird schreibend die Stirn gezeigt und dem vermeintlich geforderten Perfektionismus eine Absage erteilt, weil gut besser ist als perfekt. Virginia Woolf begegnete Schreibstörungen mit einem »Sudelbuch«, in dem sie spontane Einfälle notierte, um ihren strengen inneren Instanzen zu entgehen. Damit knüpfte sie an ihre frühkindliche Lernfreude an, aktivierte ihre Urfähigkeit zu staunen und achtsam zu bewerten.

Im Schreibcoaching beispielsweise wird mit professionell Schreibenden gezielt ressourcenorientiert gearbeitet. Schreibfitness, Schreibmuskelaufbau und Schreibausdauertraining (Scheuermann, 2009) sind bewährte Herangehensweisen. Generell werden Blockaden als notwendiger Bestandteil des Schreibens interpretiert und als ein konstruktives Signal genutzt, um nochmals ganz anders an die Lösungsgenerierung heranzugehen und den Produktions- und Gestaltungsprozess neu zu steuern. Wirkungsvolle Gegenstrategien erkunden die persönlichen Schreibgewohnheiten daraufhin, wie der individuelle Energieaufwand im kreativen Fluss gehalten werden kann. Sie erforschen die eigene Textproduktion und stärken individuelle Schreibformen mit modifizierten, maßgeschneiderten Schreibtechniken. Dabei werden fast automatisch hinderliche ehrgeizige Mythen identifiziert, zum Beispiel die *Hauptantreiber* der Themenzentrierten Interaktion (TZI) mit ihren Parolen »sei perfekt«, »mach schnell«, »sei stark«, »mach es allen recht« und »streng dich an«. Ihnen werden kraftvolle Erlauber an die Seite gestellt, die mit unterstützenden Botschaften liebevoll gegenhalten: »sei du selbst«, »sorge gut für dich«, »vertraue dir selbst«, »lass dir Zeit«. Auch Affirmationen, die im Coaching als tragend herausgearbeitet werden, können zu hilfreichen Begleitern werden.

Schreibcoaching nutzt das kreative Schreiben als ressourcenorientierte Begleitung von intuitiver Sprachgestaltung zur gezielten, kontextsensiblen Textherstellung. Dabei wird mit diversen Wirklichkeitsbetrachtungen gespielt und sich besonders mit den konstruktiven und entwicklungsfördernden verbunden.

Stärken stärken

Organisationen werden als lebendige Systeme angesehen, die denselben beständigen Entwicklungsrhythmen unterliegen wie der einzelne Mensch. Der Begriff »lernende Organisation« (Senge, Kleiner u. Roberts, 1996) charakterisiert, dass Einrichtungen als lern- und entwicklungsfähige Experten für ihr eigenes System angesehen werden und damit auch als Experten zur Entwicklung von geeigneten Problemlösungen.

Selbstwirksamkeitsüberzeugungen und Ressourcenorientierung sind damit zentrale Aspekte betriebswirtschaftlicher wie auch psychosozialer Betrachtungen. Doch ist eine Ressource nur dann eine wirksame, wenn sie in der individuellen Bewertung als solche auch wahrgenommen wird. So zeigen Untersuchungen der Psychotherapieforschung zu Empowerment (Stark, 1996; Lenz u. Stark, 2002) und Salutogenese (Antonovsky u. Franke, 1997; Hintermair, 2002), dass 40 % der herausgefundenen Unterschiede in den Ergebnissen von Interventionen mit Merkmalen der Klienten selbst zu tun haben (Hubble, Duncan u. Miller, 2001), das heißt mit deren internen personalen und externen sozialen, subjektiv wahrgenommenen Ressourcen.

Die subjektive Einschätzung, den alltäglichen Anforderungen gewachsen zu sein und anstehende Schwierigkeiten bewältigen zu können, ist damit eine tragende personelle Ressource, beeinflusst sie doch wiederum, wie viel ein Mensch sich zutraut und welche privaten oder beruflichen Entscheidungen er entsprechend trifft. Sie entscheidet ebenso darüber, wie dieser Mensch seine Erfolge und Niederlagen einordnet und für seine individuellen mentalen und psychischen Verarbeitungsmöglichkeiten weiterhin nutzt.

»Beliefs of personal efficacy constitute the key factor of human agency. If people believe they have no power to produce results, they will not attempt to make things happen« (Bandura, 1997, S. 3). Bereits 1989 hat Bandura den Zusammenhang von Selbstwirksamkeit, Erfolg und Misserfolg in der beruflichen Entwicklung erforscht. Er fand heraus, dass eine hohe Selbstwirksamkeitserwartung demnach erfolgsversprechende Verhaltensmuster erzeugt, während eine niedrige Selbsteinschätzung eher zu Passivität und Vermeidung führt (Bandura u. Wood, 1989).

Was unterstützt nun Menschen, Konflikte, extremen Stress oder Schicksalsschläge zu überleben und daran zu wachsen? Die Fähigkeit, nach niederschmetternden Tiefschlägen wieder aufzustehen, das Leben wieder aufzunehmen und weiterzuschreiten, bezeichnet die Psychologie als *Resilienz.* Der Begriff stammt ursprünglich aus der Werkstoffkunde und beschreibt die Fähigkeit eines Materials, nach Beanspruchung, Verformung oder Krafteinwirkung in seinen Ursprungszustand zurückzukehren. Dementsprechend bezeichnet Resilienz eine Krisenkompetenz, womit die Fähigkeit gemeint ist, den Wechselfällen des Lebens zu trotzen, sich durch Krisen nicht aus der Bahn werfen zu lassen bzw. in Lebensbahnen zurückzufinden und selbst in schwierigsten Situationen langfristig nicht emotional zu verhärten (Müller, 2012).

Zur Entwicklung dieser Ressourcen, insbesondere im Rahmen von Therapie, Beratung und Personalentwicklung, ist es nun von Interesse, welche Fähigkeiten zur Krisenbewältigung besonders unterstützt werden sollten. Rampe (2005) beschreibt in ihrem Modell »Sieben Säulen der Resilienz«, die sie Optimismus, Akzeptanz, Lösungsorientierung, Opferrolle verlassen, Verantwortung, Netzwerkorientierung und Zukunftsplanung nennt.

Optimismus bezeichnet den festen Glauben daran, dass Krisen zeitlich begrenzt und überwindbar sind. Akzeptanz meint, dass die schwierige Situation als reale Herausforderung anerkannt und angenommen wird. Lösungsorientierung umfasst Optimismus und Akzeptanz, die nun zur weitergehenden Frage nach möglichen Lösungen führen. Dazu gehört es, sich nicht weiter als hilfloses Opfer der Situation zu sehen, sondern sich auf Stärken besinnen, erscheinen sie vielleicht auch noch so gering. So kann eine angemessene Verantwortung für das eigene Handeln übernommen werden. Netzwerkorientierung betont, dass aktiv handelnd ein stabiles soziales Umfeld genutzt, ausgebaut oder geschaffen wird. Und Zukunftsplanung bezeichnet eine solide und umsichtige Vorbereitung auf die möglichen Wechselfälle des Lebens, die auch vor massiven Rückschlägen schützen soll. Resiliente Menschen verfügen demnach über Kommunikations- und Problemlösungskompetenz, die die Fähigkeit, mit starken Gefühlen zu leben und Impulse zu steuern, umfasst. Ihnen hilft auch der Distanz schaffende Humor, der die Belastungen schmunzelnd ein wenig kleiner zaubert, ihr einen Namen gibt und sie so handhabbarer erscheinen lässt. Ihre individuellen, eigensinnigen Interpretationen sind zentrale Überlebenshilfen, erlauben sie ihnen doch ein flexibles Hin- und Herschalten zwischen verschiedenen Gedanken und Bewertungen.

Kreatives Schreiben fördert einen solchen resilienten Selbsterkennungsprozess. Gezielte Übungen aktivieren stärkende Selbstwirksamkeitsüberzeugungen beim schreibenden Menschen und unterstützen ihn darin, umgebungsbezogene Schutzfaktoren zu stärken.

Als Beziehungswesen ist der Mensch auf Mitmenschen angewiesen. So ist es nur natürlich, dass resiliente Einstellungen durch liebevolle Beziehungen inner- und außerhalb der Familie unterstützt werden. Die American Psychological Association (APA) hat Beziehungen als wichtigste Ressource für Resilienz ausgemacht (Kaiser, 2009). Kreatives Schreiben in der Gruppe, in einer wertschätzenden Atmosphäre mit unterstützender Feedbackkultur nutzt diesen Beziehungseffekt für neue Erfahrungen der Selbst- und Fremdwahrnehmung in einer akzeptierenden Grundhaltung.

> *»Je schneller ich laufe, desto mehr faulenze ich!*
> *Lasst mich putzen, lasst mich backen,*
> *lasst mich Strickmützchen machen!*
> *So bin ich faul und lass die Seele baumeln*
> *Nur außen bin ich Ameise,*
> *innen ein Murmeltier.«* (Frida)

Resiliente Organisationen zeichnen sich vor allem dadurch aus, dass sie Systeme mit transparenten Umgangsregeln sind, Eigenverantwortung und individuellen Gestaltungsraum ihrer Mitarbeiter(innen) fördern. Sie sind von der Kommunikation als Möglichkeit überzeugt, Probleme zu besprechen, zu klären und Lösungsoptionen auszuhandeln. Sie kalkulieren Fehler als menschlich ein, betrachten sie als korrigierbar und nehmen sie weitmöglichst als Entwicklungschance. So können sie mit Niederlagen leben und verfügen neben ihrer hoher Fach- und Marktkompetenz über tragende Leitbilder mit Sinnperspektive.

Das systemische Schreibwirkmodell

Im Mittelpunkt: Das kreative Schreiben

Abbildung 1 verdeutlicht, wie kreatives Schreiben vor dem komplexen wissenschaftlichen Hintergrund und seinem Wirkspektrum im System agiert und zirkulierend funktioniert.

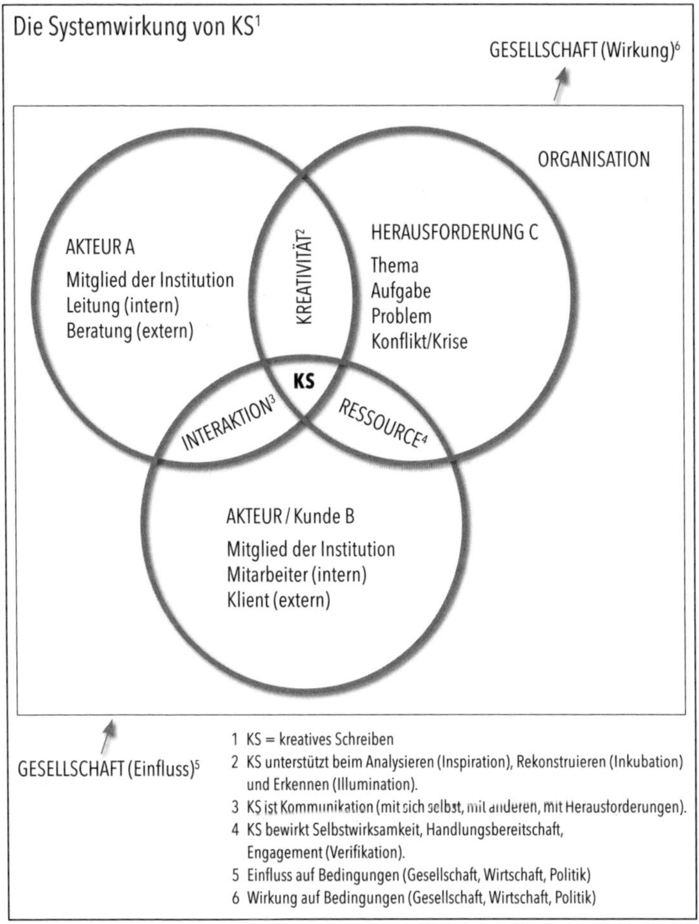

Abbildung 1: Das systemische Schreibwirkmodell – die Systemwirkung von kreativem Schreiben

Kreativität: Kreatives Schreiben kann dabei unterstützen, zu analysieren *(Inspiration)*, zu rekonstruieren *(Inkubation)* und zu erkennen *(Illumination)* und erfüllt damit alle Elemente, die in der Forschung zur Entwicklung von Kreativität beschrieben werden (Wallas, 1926). Dabei greift der kreative Prozess des Schreibens in der Verwandtschaft zum therapeutischen Prozess auf Erinnerungen und Erfahrungen zurück, die im Unterbewusstsein abgelegt sind.

Interaktion: Kreatives Schreiben ist Kommunikation. Die interaktive Auseinandersetzung mit sich selbst, mit den Akteuren im System (Familie, Institut, Unternehmen) und im Zusammenhang mit den Herausforderungen (Probleme, Konflikte Krisen) erzeugt die systemische Wechselwirkung im Prozess der Entwicklung. Keiner der Beteiligten kann sich den veränderten Bedingungen entziehen, auch deshalb nicht, weil sich in der Folge die Herausforderungen (Themen, Aufgaben) verändern.

Ressource: Kreatives Schreiben bewirkt Wandlung, die direkt von der Person ausgeht. Die nachgewiesene therapeutische und ressourcenstärkende Wirkung (Heimes, 2012) auf Menschen, die das kreativ-biografische und kreativ-therapeutische Schreiben zur Entwicklung nutzen, erzeugt eine achtsame und selbstwertige Haltung, die sich positiv auf die Gestaltung des täglichen Lebens auswirkt. Das bedeutet in der Rekonstruktion von gesellschaftlichen Einflüssen auf Mensch und Institution, dass die Entwicklung der Akteure im veränderten Umgang mit Belastungen und Krisen im Ergebnis nicht nur Konsequenzen für das eigene Bezugssystem haben, sondern selbstverständlich auch in die Gesellschaft zurückwirken *(Verifikation).*

Im Wechselspiel von Kreativität, Interaktion und Ressourcen

Das systemische Schreibwirkmodell verbindet den Ansatz der systemischen Lehre und den Ansatz des kreativen Schreibens und nutzt die nachgewiesene individuelle Wirkung an der Schnittstelle zu personalen und organisationalen Beratungsprozessen. Kreatives Schreiben wirkt im Mittelpunkt dieses Geschehens über die Akteure und deren Herausforderungen direkt in die Organisation, die auf Forderungen oder Auswirkungen durch gesellschaftliche Veränderungen reagiert. Damit wird interaktiv auf das ganze System Einfluss genommen, was bis in die Gesellschaft zurückwirkt.

Wie kreatives Schreiben Systemprozesse unterstützen kann, zeigen wir im zweiten Teil des Buches. Zunächst stellen wir ein Pilotprojekt vor: ein Curriculum zur Weiterbildung von systemisch ausgebildeten Professionellen. Hervorzuheben ist, dass die Teilnehmerinnen, die wir in diesem Modell als Akteure (A) angesiedelt haben, über den Kontakt zu ihrer Kreativität eine neue, tiefe Form der Selbstbegegnung erreicht haben, die sie als Beraterin direkt in ihre therapeutischen Tätigkeitsfelder einbringen konnten. Dieser Zuwachs an Handlungskompetenz, der sich mit neuen Methoden in Familientherapie und Coaching integrieren lässt, wirkt in der Interaktion zwischen Beraterin und Klient (Akteur B) prozesssteuernd, ist selbstwirksam und ressourcenstärkend. Wir bezeichnen diesen Zusammenhang mit dem Begriff *Selbstwert.* Die Wirkkraft des kreativen Schreibens erschließt sich im Ablauf des dargestellten Pilotprojekts.

Im zweiten Modellprojekt aus dem Kontext von Personal- und Organisationsentwicklung sind die Belastungen von Führungskräften in der Kinder- und Jugendarbeit (Akteur A) Ausgangspunkt. Hierbei geht es insbesondere um die Folgen von Arbeitsbedingungen, die aus den gesellschaftlichen Forderungen enstehen und institutional als Herausforderungen (C) auf die Mitarbeiter übetragen werden. Die subjektive Analyse und Rekonstruktion systemischer Zusammenhänge bildet die Grundlage des Schreibprozesses, der durch die Entwicklung von Ressourcen rekursiv auf neue Strategien zur Bewältigung individueller Probleme und Krisen wirkt. Person wie Institution werden dadurch aufgewertet, was wir in diesem Zusammenhang mit dem Begriff *Mehrwert* benennen. Wie sich im Prozess des kreativen Schreibens Resilienz entwickeln lässt, wird im Verlauf der Schreibworkshops deutlich.

Teil 2:

Kreatives Schreiben integrieren und implementieren: Das systemische Schreibwirkmodell im Praxistest

Kreatives Schreiben als Schnittstellenkompetenz

Kreatives Schreiben hält Einzug in die literarische und wissenschaftliche Schreibwelt. Erste spezialisierte Studiengänge wurden in Berlin, Hildesheim und Leipzig eingerichtet, auch im Rahmen kunsttherapeutischer Ausbildungen erhält kreatives Schreiben zunehmend Raum. Es sind Fachgesellschaften wie der Segeberger Kreis – Gesellschaft für Kreatives Schreiben e. V. und die Deutsche Gesellschaft für Poesie- und Bibliotherapie entstanden. Hier werden Einsatzfelder ermittelt und entwickelt, kreative Prozesse beim Schreiben erforscht und wissenschaftlich gefördert.

Die Welt ist komplex. Zur Analyse gesellschaftlicher Entwicklungen reicht der eindimensionale wissenschaftliche Tunnelblick nicht mehr aus. Interdisziplinäre Erkenntnisse erfordern Kompetenzen, die an den Schnittstellen wirken, und Methoden, die an den gemeinsamen Grenzen ansetzen, weil sie sich aus den Erkenntnissen unterschiedlichster Disziplinen speisen, die ihre Wurzeln im System Mensch und Umwelt haben. Hier bietet sich kreatives Schreiben an: als Instrument der Analyse *(Inspiration)*, der Fokussierung und Vertiefung *(Inkubation)* sowie der Gestaltung und Entwicklung *(Illumination)*.

Um die institutionelle Anerkennung des kreativen Schreibens in Beratung, Lehre, Personal- und Unternehmensentwicklung muss noch gerungen werden. Es wird sich erst dann durchsetzen, wenn Unternehmen und gesellschaftliche Institutionen kreatives Schreiben als wirkungsvolles Instrument erkannt und eingesetzt haben und von den Ergebnissen profitieren. Daraus leiten wir unsere Forderung ab, an entsprechenden Stellen darüber nachzudenken, kreatives Schreiben institutionell zu verankern. Anerkannte und wissenschaftlich fundierte Modellprojekte unterstützen diesen Prozess.

Unsere Schreibwirkprojekte reihen sich hier ein. Dass sie den wissenschaftlichen Ansatz mit der Beschreibung kreativer Prozessen verbinden, spiegelt sich auch sprachlich wider. Unter der Überschrift »Schreiben schafft Selbstwert« treten wie bei einem Inneren Team (Schultz von Thun u. Segemann, 2004) oder im Ego-State-Ansatz (Watkins u. Watkins, 2003) diverse Protagonisten auf, um in der Metapher einzelner Teile die Pluralität menschlichen Innenlebens darzustellen.

Wie auf einer imaginierten Bühne winkt dort eine *Lehrende* mit Literaturhinweisen und Fachlichkeit, ein *Skizzierer* präsentiert ein Lernmodell, während ein *Harlekin* mit eigens entwickelten Schreibmethoden jongliert, ein *Lockvogel* zum Ausprobieren einlädt und ein *Praktiker* Tools anbietet, um selbst ein Schreibseminar durchzuführen. Diese Akteure spornen dazu an, Unterschiede bezüglich Erzählen und Zeigen versus Belegen in einen belebenden Kontakt zu bringen und mit Kontrasten zu spielen. Leserinnen können sich an die Teile ankoppeln, die sie für vielversprechend, sinnstiftend oder praxisrelevant halten. Auch wenn sich unter der Überschrift »Schreiben schafft Mehrwert« der innere Zensor vielleicht bemüht, Blockaden zu manifestieren, können mit der inneren Erlauberin neue Schreibwege und -ressourcen entdeckt werden.

Schreiben schafft Selbstwert

Kreatives Schreiben in Familientherapie und Coaching integrieren

Kreatives Schreiben bereichert auch den systemischen Beratungskontext, indem es als Interaktion mit sich selbst wie auf der Beziehungsebene die Bearbeitung aktueller Fragestellungen und biografischer Themen dahingehend befördert, dass Handlungsspektren erweitert oder Einstellungen verändert werden (Abbildung 2).

Nun zeichnen sich systemische Beratungsformate in der Regel durch vielfältige methodische Vorgehensweisen aus (von Schlippe u. Schweitzer, 2012). Kreative Interventionen gehören für viele Kollegen zum Berufsalltag (Schwing, 2010), und entsprechende Fachliteratur (Bleckwedel, 2008; Richter, 2010) stellt wertvolle Erfahrungen zur Verfügung. Es wird imaginiert (Schulz von Thun u. Segemann, 2004), skulpturiert (Varga von Kibéd, 2005), gemalt (Herrlen-Pelzer u. Rechenberg, 1998), visualisiert (Theuretzbacher u. Nemetschek, 2009) und fragend heilsam verwirrt (Simon u. Rech-Simon, 2007). Doch bislang wird kaum geschrieben. Ansätze, die systemisches Arbeiten und kreatives Schreiben verbinden, wurden unseres Wissens bisher nicht publiziert und entsprechende Angebote nur vereinzelt auf Tagungen und Kongressen der Deutschen Gesellschaft für Systemische Therapie, Beratung und Familientherapie (DGSF) vorgestellt. Bisher

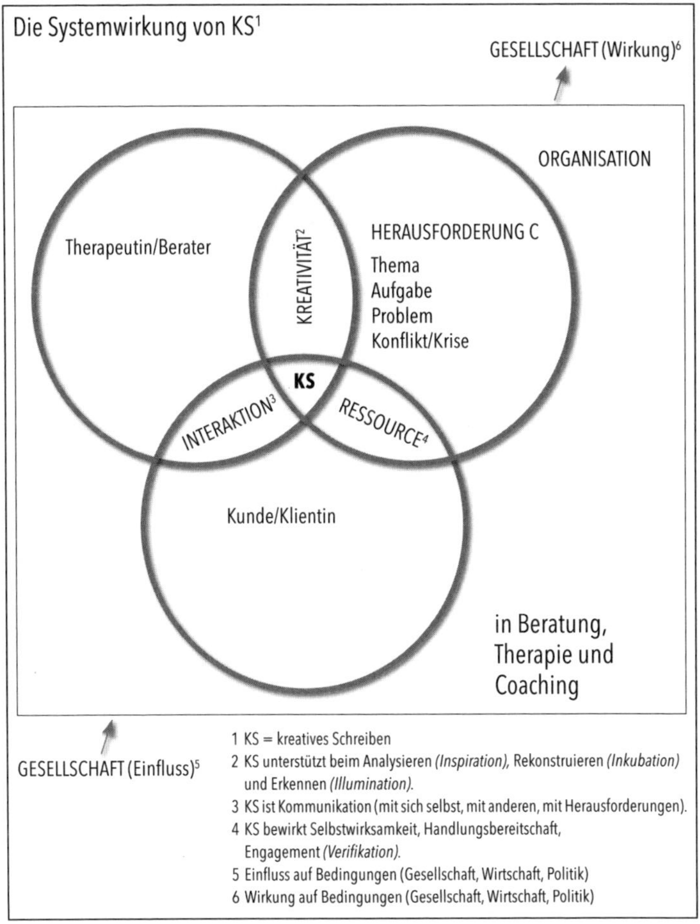

Abbildung 2: Das systemische Schreibwirkmodell in der Lehre

wurde kreatives Schreiben eher wahrgenommen als Ausdrucksform der Poesietherapie (von Werder, 1988; Petzold u. Orth, 2005; Heimes, 2010), im Rahmen künstlerischer Therapien oder individualpsychologischer Ansätze (van der Hart, 1993; Yalom u. Elkin, 2001; Pennebaker, 2010), als eine Form der Selbsttherapie (Platsch, 2010; Rico, 1999, vom Scheidt, 2006), der Biografiearbeit (Ruhe, 1998; Neumann, 1999) oder Pädagogik (Gudjons, Pieper u. Keßler, 1998; Mischon, 2010; Vopel, 2006).

Wenn auch nicht explizit als systemisch bezeichnet, hat die Schreibpädagogik den interaktiven Aspekt des kreativen Schreibens von Anfang an berücksichtigt und die Schreibgruppendynamik in Schreibgruppen untersucht (Ammon, 1974; von Werder, 2007). Einschlägige Literatur verweist dabei jedoch auf die (selbst-)therapeutische Wirkung des kreativen und besonders des biografischen Schreibens (Biniek, 1982; Lane, 1995; Koch u. Keßler, 1998) sowie auf die Auseinandersetzung mit der eigenen Person und betrachtet es weniger als Kommunikationsmittel oder in der Interaktion auf der Beziehungsebene (siehe Abbildung 2).

Dieser interaktive, beziehungsreflektierende Aspekt liegt nun dem Curriculum »Kreatives Schreiben in systemischer Beratung, Familientherapie und Coaching« zugrunde, um es in seiner systemischen Wirksamkeit speziell für Beratung, Psychotherapie und Coaching zu nutzen. Folgende drei Hypothesen sind handlungsleitend:

- *Kreativität:* Kreatives Schreiben bietet im systemischen Beratungsprozess den dafür empfänglichen Klientinnen entwicklungsfördernde Interventionen.
- *Interaktion:* Kreatives Schreiben als Selbsterfahrung der Klienten bietet den in der Beratung tätigen Professionellen mehr Erkenntnissicherheit und Ansatzpunkte für Interventionen.
- *Ressource:* Kreatives Schreiben bietet diesen Professionellen einen Selbstachtsamkeit fördernden Zugang zu ihren eigenen Narrationen und unterstützt sie damit in ihrem Bemühen um Selbstsorge und Burnoutprophylaxe.

Curriculum

Dieses Curriculum bildete die Grundlage einer wissenschaftlich begleiteten Fortbildung, die das Hamburgische Institut für systemische Weiterbildung (HISW) 2011 erstmals als Pilotprojekt durchführte. Zielgruppen waren ausgebildete systemische Beraterinnen, Familientherapeuten, Supervisorinnen und Lehrtherapeuten, die planten, das biografische und kreative Schreiben in ihre systemische Beratungspraxis einzuführen. Vorausgegangen war im Jahr zuvor ein offenes weiterbildungsbegleitendes Angebot für Ausbildungskandidatinnen unter dem Titel »Self Care – kreatives Schreiben als selbststärkender Impuls. Ein Workshop für Fachkräfte aus psychosozialen Arbeitsfeldern, die aktuell an einer Weiterbildung in systemischer Beratung teilnehmen«. Dessen Evaluation und die in diesem Rahmen gesammelten Erfahrungen waren so positiv und Mut machend, dass wir das Schreibwirkmodell auch dem hier vorgestellten Curriculum der Fortbildung »Kreatives Schreiben – ein methodischer Ansatz in der systemischen Beratung, in der Psychotherapie und im Coaching« zugrunde legen.

Kurz zum besonderen Rahmen: An dieser Fortbildung nahmen sieben Kolleginnen und ein Kollege im Alter von 41 bis 58 Jahren teil, die alle, wenn auch in ganz unterschiedlichen Arbeitsfeldern, systemisch arbeiten. Sechs von ihnen sind selbst erfahrene Dozenten oder Lehrsupervisorinnen in der systemischen Weiterbildung. Alle wurden in unserem Institut ausgebildet, und diese gemeinsame Basis sorgte dafür, dass wir sehr schnell einen vertrauensvollen Kontakt herstellen konnten. Regeln und Umgangsformen waren bereits ebenso eingespielt wie eine konstruktive Feedbackkultur. Uns war bewusst, dass wir damit außergewöhnliche Voraussetzungen vorfanden, die bei der Übertragung des Curriculums in einen anderen Fortbildungskontext zu berücksichtigen sind.

Gerade weil sich dieses Curriculum nicht eins zu eins in andere Fortbildungskontexte übertragen lässt, stellen wir es als ein Konzept vor, das dazu anregen möchte, sich aus seinen Elementen das jeweils Passende zu konzipieren. Teil 3 des Buches bietet vielfältige Tools für die praktische Umsetzung.

Im HISW ist inzwischen die Entwicklung weiter fortgeschritten und kreatives Schreiben als Interventionsform weitgehend in die systemischen Weiterbildungsgänge eingeführt. Deren Teilnehmer greifen die Schreibinterventionen gern auf und setzen sie in ihren Arbeitsfeldern um. Sie berichten, dass dieser Schreibzugang ihnen wie nebenbei auch einen leichteren Zugang zu umfangreichen Sitzungsprotokollen und Falldokumentationen verschafft und über hemmende Schreibunlust spielerisch hinweghilft.

Schon kleine Übungen erweisen sich in ihren Beratungen als wirkungsvolles Interventionsinstrument, beispielsweise bei Anliegenfokussierung und Auftragsklärung, im Rahmen der Hypothesenbildung oder zur Unterstützung einer ressourcengeleiteten Lösungsfindung.

Wir beobachten immer wieder, dass die Schreibimpulse bei unseren Teilnehmerinnen schnell berufliche Schreibmühen bis hin zu

Schreibhemmungen zur Sprache bringen. Und vielleicht ist es gar nicht so erstaunlich, dass sich belastende, mitunter quälende Schulerfahrungen in einem Umfang aktualisieren, denen wir in früheren Ausbildungsgängen nicht begegneten. Doch damit sind sie ihrer Bearbeitung wieder zugänglich und werden nicht selten zu neuen Narrationen rekonstruiert.

Lehrverständnis

Um strukturelle Koppelungen zu unterstützen, vermitteln wir systemische Inhalte als vieldimensionales Lernen, das den ganzen Menschen mit all seinen Sinnen einbezieht.

Wir greifen in der Lehre gern auf das *integrative Entwicklungsmodell* von David Kolb zurück, das vier unterschiedliche Lernstile zwischen Erfahrungslernen und handlungsorientiertem Lernen unterscheidet.

Es verdeutlicht die (typologisch) bevorzugten Zugänge, mit denen Menschen ihre neuen Erfahrungen bearbeiten, und berücksichtigt den jeweiligen Lernkontext. Als dynamisches Modell ist es darauf ausgerichtet, anstelle idealtypischer Zuschreibungen mit Möglichkeiten zu arbeiten, um individuelle Zugänge zu erweitern, ist doch alles in allen Menschen angelegt, wenn auch individuell höchst unterschiedlich ausgeprägt.

Experimental Learning (Kolb, 1984) beschreibt damit eine individuelle, intersubjektive Ordnungsbildung im psychischen System und versteht Konstruktionsbildungen als aktive Veränderung der Erkenntnisstruktur in allen Bereichen menschlichen Erlebens und Verhaltens.

In diesem Sinn ist Lernen ein *Transformationsprozess* von Erfahrungen in neue Kenntnisse, Fertigkeiten und Haltungen. In reaktiven Wechselwirkungen von Handeln, Erfahrung, Reflexion und Erkenntnis wird ein immer höheres Niveau erreicht.

Kontinuierliche Bewegungen führen von der Dekonstruktion des Erlebten zur Rekonstruktion innerer und äußerlicher Wirklichkeiten, die immer nur vorläufig sein können, da jede neue Person-Umwelt-Interaktion das Gelernte wieder hinterfragt.

Dieser zyklische Prozessverlauf ist in vier Stadien eingeteilt. Als Ausgangspunkt gilt die konkrete, subjektive Erfahrungen von Ereignissen im gegenwärtigen Hier und Jetzt, die in ein vergangenes Dort und Damals und in ein zukünftiges Dort und Dann eingeordnet ist. Jeder neue Reiz wird im zweiten Schritt entsprechend reflektierend wahrgenommen und interpretiert, um im dritten Stadium Erkenntnisse zu bilden, die viertens in bestehende Bedeutungszusammenhänge einordnet werden. So gesehen ist Lernen ein *beständiges Hypothesen bilden,* erproben und bestätigen bzw. verwerfen.

Im Kolb'schen Modell bewegt sich dieser Lernprozess auf zwei primären Dimensionen von Erfassen und Reagieren zwischen je zwei, sich dialektisch zueinander verhaltenden Polen. Damit ergeben sich vier Abstimmungsarten: konkrete, spezifische Betroffenheit versus abstrakte Objektivität und Distanz neben aktivem Handeln versus wahrnehmendem Beobachten.

Soll dieser komplexe Lernvorgang effektiv sein, benötigt er freie, selbst gesteuerte und selbst organisierte Lernformen, wertschätzende Lernsituationen und angemessene Lerninhalte. Was das nun für den einzelnen Menschen effektiv bedeutet, ist individuell höchst verschieden, denn Menschen lernen unterschiedlich. Kolb ordnet sie vier Lerntypen zu, die er als »diverger«, »assimilator«, »converger« und »accommodator« bezeichnet (siehe Abbildung 3).

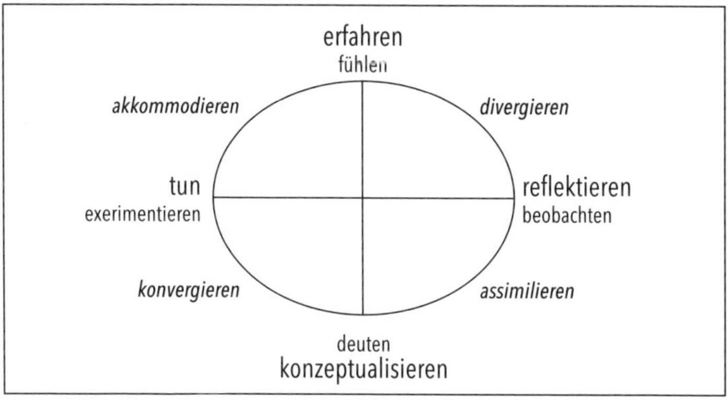

Abbildung 3: Das Lernmodell von Kolb

Der *Divergierer* bevorzugt konkrete Erfahrung und reflexives Beobachten, während sich ein *Assimilierer* durch Reflexion und darauf aufbauende Konzeptbildung auszeichnet. Der *Konvergierer* favorisiert ein aktives Experimentieren mit Theorien. Anders der *Akkommodierer,* der sich flexibel an die gegebene Situation anpasst und angemessene Handlungsalternativen testet.

Auch wenn es sich hier, wie bereits erwähnt, um bevorzugte Zugänge zu neuem Wissen handelt, so verfügt doch jeder Mensch über alle Lernmöglichkeiten, wenn auch in unterschiedlichem Maß und stark kontextabhängig. Idealerweise bewegen sich Lernprozesse in einem *Lernzirkel* von akkommodieren, divergieren, assimilieren und konvergieren. Das bedeutet für didaktische Überlegungen, dass nicht nur die methodischen Zugänge wechseln sollten, sondern auch innerhalb der Angebote alle Lernformen anzusprechen sind.

Dieses Modell erscheint uns für Fortbildungen im kreativen Schreiben insofern geeignet, als dass gerade sein integrativer Ansatz die entsprechend umfassende Bearbeitung von Erfahrungen unterstützt. Bevorzugte Lernstile der Teilnehmerinnen lassen sich systematisch ermitteln. Mit wechselnden Angeboten können sie dann gezielt angesprochen werden, um bisherige Perspektiven erkenntnisgenerierend um solche zu erweitern, die fehlen oder schwach repräsentiert sind.

Das Kolb'sche Lernmodell lässt sich gewinnbringend mit dem Kreativitätsmodell verbinden. Verstehen wir dessen Stadien der Produktivität als zirkuläre Entwicklungsprozesse, dann erkennen wir darin den einzelnen Menschen, der im individuell bevorzugten Stil die von ihm wahrgenommenen Herausforderungen aufgreift, um im Kontext seines jeweiligen Bezugssystems neue Ideen hervorzubringen und Eingebungen bis zur Bedeutungsklarheit und Handlungsbereitschaft nachzugehen.

Rollenverständnis

Voraussetzung jeder Lehrtätigkeit ist die persönliche Rollenklärung der Leitung. Ich verstehe mich als Moderatorin und Beraterin, die für eine angenehme Arbeitsatmosphäre sorgt, den Gesamtprozess wie die einzelnen Ablaufschritte plant und sich für deren Struktur verantwortlich fühlt. Ich sehe es als meine Aufgabe an, darauf zu achten, dass transparente Spielregeln und Arbeitsvereinbarungen getroffen und eingehalten werden. Meine beratende Funktion beziehe ich darauf, verständliche Arbeitsanweisungen, Umsetzungshinweise und Sachinformationen so zu geben, dass sie neue Kenntnisse und Einsichten vermitteln. Ich führe Übungen ein, die auf die Gruppensituation und die Bedürfnisse der einzelnen Teilnehmenden abgestimmt sind und mit dem Curriculum übereinstimmen.

Im Austausch von persönlichen Schreibwirkungen und in Feedbacksituationen achte ich auf einen respektvollen, wertschätzenden und solidarisch-tragenden Umgang. Eventuell auftretende Konflikte lassen sich so frühzeitig ansprechen. Auch möchte ich meinen Anteil dazu beitragen, dass unsere Zusammenarbeit abwechslungsreich, kurzweilig und motivierend verläuft, damit wir Freude am gemeinsamen Tun erleben. Dazu begegne ich den Teilnehmenden in achtsamer Haltung auf Augenhöhe als Kollegin mit klar definierter Rolle und entsprechenden Funktionen. Ob und bei welchen Übungen ich dann mitschreibe, richtet sich in erster Linie danach, wie es mir gelingt, die Schreibsituation verlässlich zu rahmen und meiner (Mit-)Verantwortung für die gruppendynamischen Prozesse in meiner Rolle als Kursleitung gerecht zu werden.

Methodisches Vorgehen

An der Schnittstelle von systemischer Arbeit, kreativem Schreiben und wirkungsvoller Lehre umfasst dieses Curriculum theoretische Ansätze, methodische Vielfalt und praktische Erfahrung, die ihrerseits dann wiederum auf der Metaebene persönlich und professionell zu reflektieren sind.

Jede Sitzung steht unter einen thematischen Schwerpunkt, der jeweils im Viererschritt bearbeitet wird, das heißt mit Impulsreferat zur Theorie, in themenspezifischen Schreibübungen als Methodikteil, im gemeinsamen Schreibprozess mit Selbsterfahrung und abschließendem Praxistransfer, der die Methodenreflexion mit Umsetzungsoptionen ins eigene Arbeitsfeld umfasst.

Dieser vielseitige Zugang möchte die unterschiedlichen Lerntypen erreichen, mittels abwechslungsreichen Übungen deren individuellen Schreibstil ebenso wie neue Schreibzugänge fördern und auf diesem Weg die grundlegenden Lernbereiche *Wissen, Fertigkeiten* und *Haltung* berücksichtigen. Die schreibende Selbstbegegnung steht im interaktionellen, systemischen Kontext der Fortbildungsgruppe, in der Schreiben, anteilnehmendes Vorlesen, Erfahrungsaustausch und konstruktives Feedback einen lebendigen Rhythmus bilden. Gezielt eingesetzte Achtsamkeitsübung unterstützen wirkungsvoll persönliche Wahrnehmungen (Potreck-Rose u. Jacob, 2006).

Den Teilnehmenden wird empfohlen, sich für die Zeit der Fortbildung ein ansprechendes Heft in handlicher Größe zuzulegen, das sie immer bei sich tragen, um dort alle Einfälle schnell notieren zu können und ihren Schreibimpulsen nachzugehen, bevor sie wieder in die Vergessenheit rutschen. Auch ein Stift, mit dem sich angenehm schreiben lässt, sollte sich jederzeit im Gepäck befinden. Ein kleiner Hinweis: Ortheil warnt in diesem Zusammenhang ausdrücklich vor Kugelschreibern (Ortheil, 2012).

Rahmen

Die Fortbildung sieht insgesamt acht Treffen mit jeweils vier Unterrichtseinheiten (UE à 45 Minuten) im Zeitraum von vier Monaten vor. Jedem einzelnen Treffen sind entsprechend des Themenschwerpunkts Inhalte und Schreibübungen zugeordnet. Prozess- und teilnehmerorientiert können diese bedarfsweise verändert und aktuell angepasst werden.

Die Teilnehmenden werden von einem thematisch passenden Begrüßungszitat empfangen, wie beispielsweise »Wo immer du dich befindest, dort ist der Ausgangspunkt« (Kabir), »Schreiben heißt, sich selber lesen« (Max Frisch), »Jedes Problem ist eine verkleidete Gelegenheit« (Benjamin Franklin) oder »Niemand ist berechtigt, sich mir gegenüber so zu benehmen, als kenne er mich« (Robert Walser).

DIN-A4-Blätter in Regenbogenfarben und Farbstifte liegen aus, und beim ersten Treffen erhalten alle Teilnehmer(innen) zusätzlich eine bunte Sammelmappe.

Jede eingesetzte Übung ist auf einem eigenen Arbeitsblatt beschrieben, ebenso werden Handouts zu den inhaltlichen Inputs ausgegeben, und bei jedem Treffen liegt Literatur zum jeweiligen Schwerpunktthema aus.

Den schriftlichen Methodenreflexionen liegt eine strukturierte Auswertung mit zwei Teilen zugrunde. Direkt im Anschluss an die Übung durchgeführt, skalieren die Teilnehmer(innen) im ersten Abschnitt spontan die *persönliche Bedeutsamkeit,* die diese Schreibübung für sie hat, von 1 = für mich unbedeutend bis 10 = für mich optimal.

Diese Zahlenwerte werden veröffentlicht, um die Gruppenverteilung zu ermitteln, und anschließend im gemeinsamen Erfahrungsaustausch ergänzt, der wiederum sowohl die persönliche Einschätzung als auch die der anderen erfasst.

Der zweite Abschnitt dient dann dem fachlichen Austausch zu Indikation und Kontraindikation. Es werden Einsatzmöglichkeiten diskutiert und Situationen besprochen, in denen die Schreibübung nicht oder nur unter gewissem Vorbehalt eingesetzt werden sollte. Zum Schluss ist auf dem Bogen noch ein Abschnitt frei für persönlich relevante Aspekte, Erkenntnisse und Notizen.

Der Vorteil dieser Form der Methodenreflexion liegt darin, dass die eigenen Erfahrungen erfasst, mit denen der anderen abgeglichen und in den Kontext fachlicher Umsetzung eingeordnet werden. So dokumentiert sie neben dem Auswertungsaspekt gleichzeitig den Praxistransfer und bildet eine fachliche Grundlage für die weitere Arbeit mit dieser Schreibübung über die Fortbildung hinaus.

Aufbau

Das *erste Treffen* dient der Hinführung zum kreativen Schreiben und der Vertrauensbildung sowohl in die Gruppe als auch in die persönliche Schreibfähigkeit, das Thema lautet »Einführung in das kreative Schreiben« (siehe wie auch im Folgenden Tabelle 1).

Mit dem *zweiten Treffen*, das unter der Überschrift »Lyrik als verdichtete Ausdrucksform« steht, vertiefen sich die Inhalte zu intensiver persönlicher (Selbst-)Begegnung.

Das *dritte Treffen* mit dem Schwerpunkt »Biografisches Schreiben als Selbstentdeckung« eröffnet Raum für die Auseinandersetzung mit der eigenen Geschichte im Kontext familial, professioneller und gesellschaftlich tradierter Erfahrungen.

Daran knüpft im *vierten Teil* gezielt das »Biografische Schreiben zur Herkunftsfamilie« an, kommt doch dem primären Lebensfeld der Ursprungsfamilie als Ort elementarer Bindungserfahrungen im systemischen Ansatz eine besondere Bedeutung zu.

An diese selbsterfahrungsintensiven Inhalte schließen im *fünften Treffen* ausgewählte Modelle zur Verortung des kreativen Schreibens im beraterisch-therapeutischen Praxisfeld an. »Therapeutische Ansätze biografisch-kreativen Schreibens« werden in ihrer wissen-

Tabelle 1: Fortbildung »Kreatives Schreiben in systemischer Beratung, Familientherapie und Coaching« im Überblick

	Thema	**Schreibmethoden und -übungen**	**Interaktion**	**Kreativität**	**Ressource**	**Ziel**
1	*Einführung in das kreative Schreiben mit Prosa*	Namensalliteration Cluster Umgebung wahrnehmen Abendwort	in der Gruppe, im Schreiben und bei sich selbst ankommen	eigene Bilder und Ideen aktivieren und entwickeln	spielerischer Zugang zur eigenen Ausdruckskraft	selbstachtsamer Zugang zu eigenen Narrationen
2	*Lyrik als verdichtete Ausdrucksform*	Rundgedicht Konstruktionsgedicht Geh-dicht Lyrik–Prosa–Lyrik	Kontakt mit der Gruppe, der Dyade und der Umgebung	mit sich selbst im aktuellen Setting auseinandersetzen	persönlich relevante Themen verdichten	kreative Bearbeitungsformen entdecken
3	*Biografisches Schreiben als Selbstentdeckung*	Freewriting Freudenbiografie Elfchen Postkarte Schneeball	Begegnung mit inneren Repräsentanten	Biografiearbeit frühe Kindheit	Freudenbiografie erfahren	Schreiben als entwicklungsfördernde Intervention erfahren
4	*Biografisches Schreiben zur Herkunftsfamilie*	Elfchen 30-Wort-Assoziationsmethode Flug über mein Leben Können Ameisen faulenzen?	Resonanzfeld der Gruppe nutzen	Begegnung mit der Herkunftsfamilie	Würdigung biografischer Erfahrungen	Rekonstruktion persönlicher Narrationen

5	*Therapeutische Ansätze des biografisch-kreativen Schreibens*	Jetzt Innerer sicherer Ort Expressives Schreiben Scham und Stolz Morgenseiten	Ego-State-Arbeit	ein tabuisiertes Thema erinnern und bearbeiten	Modelle und Methoden kennenlernen	Handlungskompetenz erweitern
6	*Schreibblockaden kreativ lösen*	Telegramm Mein guter Ort Wortfiguren Zensor und Erlauberin	Dialog mit innerem Kritiker	Gefühlsströme zeichnen	Rekonstruktion belastender Schreiberfahrungen	selbstwirksam Schreibblockaden begegnen
7	*Literarische Geselligkeit*	Stationenschreiben: Briefroman Farbspiel Mein Körper Gefühle metaphorisch Tierminiatur Dein Bild in mir Wer hätte das gedacht? Lebenslandschaft Schreiben zu einem Anfangssatz Vorstellungsbilder	feierliche Lesung, Feedback zur Überarbeitung	selbst gewählte Schreibzugänge erproben	Selbsterkenntnis Methodenpool vergrößern	literale Kompetenz erweitern
8	*Bilanz*	Haiku Bedeutung des Schreibens in meinem Leben	Begegnung über das Medium Bild	Schreiben mit Malen verbinden	Seelenbilder und tragende Metaphern entwickeln	die eigene Schreibpersönlichkeit reflektieren

schaftlichen Einbindung vorgestellt und anhand von Praxisbeispielen methodisch erarbeitet.

Beim *sechsten Mal* geht es bereits auf das Ende der Fortbildung zu, so dass weniger die intensive Selbstbegegnung als vielmehr beraterisches Know-how und Ansätze des Schreibcoachings in den Mittelpunkt rücken. Der Titel »Schreibblockaden kreativ lösen« möchte zur Arbeit an Schreibdenken und Schreibmanagement einladen.

Daran knüpft als *siebter Teil* in offener Struktur die »Literarische Geselligkeit« an. Im → Stationenschreiben (Teil 3, S. 126) stehen insgesamt zehn unterschiedliche Schreibaufgaben mit dem zugehörigen Material zur Verfügung. Die Teilnehmenden wählen die sie besonders lockenden Übungen, nehmen sich dafür die für sie passende Zeit und entwickeln ihren eigenen Schreibweg bis zur abschließenden feierlichen Lesung ihrer Texte.

Das *achte Treffen* dient abschließend der persönlichen und fachlichen »Bilanz« und der Evaluation der gesamten Fortbildung (Rechenberg-Winter, 2013).

Tabelle 1 gibt einen Gesamtüberblick über die Fortbildung »Kreatives Schreiben in systemischer Beratung, Familientherapie und Coaching«. Neben den Sitzungsthemen sind die verwendeten Schreibmethoden an den Schnittstellen des Schreibwirkmodells – Interaktion, Kreativität und Ressource – sowie das übergeordnete Ziel aufgeführt.

Grundstruktur

Da kreatives Schreiben erlebnisintensiv ist, erscheint es uns wichtig, sicherheitsstiftend eine kontinuierliche Struktur einzuführen, die sich als Grundrhythmus verlässlich durch jedes Treffen zieht. Dieses Ablaufschema in sechs Schritten stellen wir den Teilnehmenden zu Beginn der Fortbildung vor.

- *Joining* berücksichtigt, dass die Teilnehmer(innen) bereits einen umfangreichen Arbeitstag hinter sich haben, wenn sie in die Fortbildungsgruppe und die Schreibsituation kommen. So teilen sie zu Beginn ihre Befindlichkeit mit und berichten ab dem zweiten Treffen von ihren persönlichen und professionellen Umsetzungserfahrungen in der Zwischenzeit.
- Zur auflockernden Hinführung folgt eine *kurze Schreibaufgabe,* um sich spielerisch auf das kreative Schreiben einzustimmen und

dabei in einen vertieften Kontakt mit sich selbst zu treten. Im anschließenden Vorlesen nehmen die Teilnehmenden wieder Kontakt mit der Gruppe auf. Er ist gekennzeichnet von Aufmerksamkeit geben und entsprechende Wertschätzung erfahren im gegenseitigen Feedback. Die darauf folgende Methodenreflexion führt dann auf eine professionelle Metaebene, um gesammelte Erfahrungen auszutauschen und Einsatzmöglichkeiten zu besprechen.

- Daran schließt sich ein *theoretischer Input zum Schwerpunktthema* an mit Ansätzen, Konzepten und Modellen des kreativen Schreibens. Zum Themenschwerpunkt passende Literatur wird anhand ausgelegter Fachpublikationen kurz vorgestellt. Spätestens dann ist eine Pause angesagt, in der ja bekanntlich Wesentliches stattfindet.
- Um nach diesen Interaktionen wieder die eigenen Themen zu fokussieren, sind jetzt die Teilnehmenden zu einer *Achtsamkeitsübung* eingeladen, um sich selbst verstärkt Aufmerksamkeit und Respekt entgegenzubringen.
- Eine *große Schreibaufgabe* schließt sich an, in der die Teilnehmenden eine längere, dem aktuellen Themenschwerpunkt zugeordnete Schreibaufgabe bearbeiten. Beim anschließenden Vorlesen ihrer Texte lernen sie unterschiedliche Formen der Lesung und des Feedbacks kennen. In der obligatorischen Methodenreflexion diskutieren sie Möglichkeiten des Praxistransfers in ihre jeweiligen Arbeitsfelder.
- Im *Abschlussblitzlicht* beenden die Teilnehmer in bewusster Aufmerksamkeit das Schreibtreffen und geben persönliche Rückmeldung, die ihrerseits in die Planung des nächsten Treffens einzubeziehen sind. Als Schreibanregung für die Zeit zwischen unseren Treffen gebe ich eine *Schreibempfehlung* mit, die die Erfahrungen des jeweiligen Treffens mit dem Alltag verbinden hilft.

Diese Grundstruktur wird bewusst beim Stationenschreiben im siebten Treffen verlassen, um hier gezielt der persönlichen Prozesssteuerung den Vortritt zu lassen.

Durchführung

Damit der gesamte Fortbildungsprozess nachvollzogen werden kann, greife ich die Lernziele der einzelnen Treffen mit ihren jeweiliges Schwerpunktthemen auf, skizziere den schrittweisen Ablauf und verbinde ihn mit Textbeispielen und ausgewählten Rückmeldungen (siehe auch Tabelle 1).

Treffen 1 – Einführung in das kreatives Schreiben mit Prosa

Vorrangiges Ziel ist es, uns spielerisch und ergebnisoffen im eigenen Schreiben zu erleben und darin als grundsätzliches Merkmal kreativen Schreibens erkennen, dass dieser Ansatz nicht leistungsbezogen ist. Es geht erst einmal nicht um das Produkt, sondern der Schreibprozess steht im Mittelpunkt.

Die in der Vorstellungsrunde mitgeteilten Erwartungen an diese Fortbildung reichen von »das eigene Schreiben wieder aktivieren« über »ich bin neugierig auf etwas Neues« bis zu »ich suche neue Interventionsmöglichkeiten für meine Arbeit«.

Da ich die Stimmung als angespannt-abwartend wahrnehme, führe ich als kurze Schreibaufgabe die → Namensalliteration (Teil 3, S. 120) zum Anfangsbuchstaben des Vornamens ein. Hier findet eine erste, entspannende Begegnung untereinander statt, und das anschließende Vorlesen in der Runde erzeugt Heiterkeit und Respekt vor den Ergebnissen.

> *Pfingsten fand sich der Pilot auf dem Perlenplatz wieder, mitten im tiefsten China. Sein Pferd am Halfter, die Pfandflasche in der Hand stöhnte er, durchweicht vom Platzregen: »Was tu' ich nur hier?«* (Paula)

Die Ergebnisse der Methodenreflexion binde ich in mein anschließendes Impulsreferat »Kreatives Schreiben« ein, das der theoretischen Verortung unserer Fortbildung dient. Die Stimmung ist jetzt locker und humorvoll.

In den zweiten Teil stimme ich mit einer Atemübung ein, um achtsame Aufmerksamkeit auf sich selbst zu trainieren. Der aktuellen Jahreszeit entsprechend stelle ich dann am Kernwort »Frühling« exemplarisch die → Clusterbildung (Teil 3, S. 117) im Gruppenprozess an der Flipchart vor. Zur Förderung der Interaktion untereinander bitte ich die Teilnehmenden anschließend, sich miteinander auf ein Thema zu verständigen, zu dem sie schreiben möchten. Sie wählen das Thema »Vision«, erstellen für sich ein Cluster zur Stoffsammlung, aus der sie dann eine kleine Miniatur zu schreiben.

> *Ich träume von einer Zeit, in der Arbeit, Absicherung und Pflichterfüllung zu einem kleinen Teil wird und das Leben mit all der gesammelten Lebenserfahrung im Vordergrund steht. Dann würde ich von meiner Dachterrasse auf Hamburg schauen, dort viele gemütliche Abende mit meinem Partner oder auch lieben Freunden verbringen. Wir hätten eine alte vertraute Liebe oder Freundschaft.*
> *Ich träume davon, wohin ich gehen, was ich tun will. Und dann würden wir uns vergnügen, die Welt sehen, verschiedene Sprachen sprechen und viel mehr Taxi fahren.* (Hilde)

> *Visionen*
> *Blaue Blüten auf Krankenhausfliesen, Sorgen sitzen in Seilbahnen.*
> *Auf dem Weg: Flügelhemden, schweben vorbei.*
> *Der Himmel war blau heute auf dem Weg.* (Greta)

Die Texte sind überwiegend persönlich, entsprechende Emotionen kommen in der anschließenden Methodenreflexion zur Sprache.

Als weiterführenden roten Faden durch den Alltag empfehle ich, bis zu unserem nächsten Treffen als tägliche Aufmerksamkeitsschulung schreibend die aktuelle → Umgebung wahr(zu)nehmen (Teil 3, S. 135 f.).

Aufgrund der fortgeschrittenen Zeit schließen wir in einer kurzen Runde mit einem Abendwort als persönlichen Mitteilung: »Gute Nacht, Freunde«, »Tagesthemen«, »Mondschein«, »Sternschnuppe«.

Kommentar: Gemäß der Leithypothesen war es den Teilnehmenden möglich, sowohl in der Gruppe als auch im Thema anzukommen *(Interaktion)*. Erste Schreibaufgaben führten sie zu eigenen Ideen und Bildern *(Kreativität)*. Insgesamt erlebten sie einen spielerischen Schreibzugang, in dem sie sich selbst begegneten *(Ressource)* (siehe Tabelle 1). Damit ist ein Selbstachtsamkeit fördernder Zugang zu eigenen Narrationen angelegt.

Treffen 2 – Lyrik als verdichtete Ausdrucksform

Wir beschäftigen uns mit lyrischen Kleinformaten und der Wirkung verdichteter Texte und Metaphern. Wir beginnen interaktiv mit einem gemeinsamen → Rundgedicht (Teil 3, S. 120 f.). Als Schreibaufgabe bitte ich, jede Teilnehmerin spontan einen Titel zum *Inneren Wetterbericht* in der Blattmitte zu notieren und in das erste Feld den Gedichtanfang zu schreiben, an den der Nachbar im nächsten Feld anknüpft. Das Blatt wird so lange weitergegeben, bis alle Segmente des Rundgedichts ausgefüllt sind.

Im Regen
Durchweicht bis auf die Knochen
Fuhr ich auf den Fahrrad nach Hause.
Fröstelnd und durchfeuchtet besann ich mich auf meinen
Kaminofen.
Erinnere mich an Kindertage, um die Winterzeit, hielt mir die Füße an
den Ofen. Geborgenheit!
Ich lausche auf die Tropfen am Fenster, während die Wärme des
Kamins mich erreicht.
Jetzt ein Tee mit viel Kuchen und ein Buch zum Unter-die-Decke-Legen.
Da klingelt es.
Der Postbote bringt mir einen Sonnenhut! (alle)

In der folgenden Eingangsrunde wird unter anderem von vielfältigen Erfahrungen mit dem Einsatz der Schreibübungen berichtet wird: »Ich habe es mit meinem Partner gleich ausprobiert, es war eine schöne Erfahrung.« Oder »Ich hatte keine Zeit zu schreiben, doch ich habe immer wieder im Kopf geclustert und Kopfkino veranstaltet.« Beruflich hat noch niemand kreatives Schreiben eingesetzt.

Als stark strukturierte Form stelle ich anschließend das → Konstruktionsgedicht (Teil 3, S. 125) vor. Es soll mit seiner strengen Form all die inneren Zensoren überlisten, von denen in der Gruppe auffallend oft die Rede ist. Die Themenwahl stelle ich frei.

Nähe
Nähe + Wärme

Wärme
Wärme + Kälte

Nähe
Nähe + Kälte

Nähe + Wärme + Kälte
weniger ist manchmal mehr (Britta)

Die Methodenreflexion zeigt positive Rückmeldungen bezogen auf Form und Aussagekraft, die einerseits der Form und andererseits dem Impuls zugeschrieben wird.

Nach einer Pause wird die Achtsamkeitsübung »Farbe atmen« (Heimes, 2009, S. 71) gern angenommen. Sie bereitet auf das anschließende »Geh-dicht« vor, das von einer sensiblen Raumwahrnehmung mit allen Sinnen ausgeht. Als Schreibaufgabe werden die Teilnehmenden gebeten, durch und ums Institut zu gehen, um »30 Blicke auf das HISW« zu sammeln. Diese Impressionen werden lyrisch in einer frei gewählten Form weiterbearbeitet. Alle arbeiten engagiert, lesen sich dann in Zweiergruppen ihre Texte vor und begeistern sich für die Aussagekraft ihrer Miniaturen, von denen einige sich weit von den ersten Raumimpressionen entfernt haben.

Schon wurde sie wieder eingefangen
von diesem dunklen Bann,
ihre Gedanken erstarrten im »Hätt-ich-doch«,
ihre Gefühle verknäulten sich
zu einer schmerzenden Sehnsucht. (Elke)

Nach der Methodenreflexion, die in die Abschlussrunde mit Feedback übergeht, verteile ich ein Handout »Lyrik« zum Nachlesen, denn das Schreiben hat in diesem Treffen nur wenig Platz für einen kurzen Theorieinput gelassen. Die Teilnehmenden reagieren selbst auf kurze Vorträge schnell mit Müdigkeit und möchten statt dessen lieber selbst schreiben. Wir entscheiden, der Schreibdynamik den Vorrang einzuräumen.

Als weiterführenden Impuls für die Zwischenzeit gebe ich eine interaktive Schreibempfehlung, → Lyrik–Prosa–Lyrik (Teil 3, S. 121 f.), mit dem Impuls, zu einem persönlich bedeutsamen Gedicht einen Prosatext zu erstellen, der an eine nicht vorher festgelegte Teilnehmerin als Überraschung gemailt wird. Hat diese dann daraus ein Gedicht verfasst und der Absenderin des Prosatextes zurückgeschickt, erhält sie von der Adressatin deren ursprüngliches Gedicht. Dieser Schreibprozess verbleibt in der Zweiergruppe.

Kommentar: Bereits das Rundgedicht aktiviert den Kontakt mit der Gruppe *(Interaktion)*, der mit der Schreibempfehlung in der Dyade vertieft werden kann. In der Enge des Konstruktionsgedichts zeigen sich persönlich bedeutsame Themen *(Ressource)*, während das Geh-dicht zu einer neuen Auseinandersetzung mit einem bekannten Setting führt *(Kreativität)*. In der schreibenden Selbsterfahrung entdecken die Teilnehmenden Ansatzpunkte für die weitere Bearbeitung persönlicher Themen.

Treffen 3 – Biografisches Schreiben als Selbstentdeckung

Die Teilnehmenden teilen immer wieder mit, dass sie den bisherigen Schreibprozesse als persönlich »sehr ergiebig«, »selbststärkend«, »klärend« erleben. Dieser Aspekt wird nun verstärkt, indem dieses Treffen tiefer in die Schreibwirkung beraterisch-therapeutischer Bereiche einführt.

Passend dazu hatte ein Teilnehmer in der Eingangsrunde von einer intimen Schreiberfahrung berichtet, die ihn zu einem alten familiären Thema und einem neuen Zugang zu seinem Bruder führte. Aber auch professionelle Erfahrungen und Clustern für Sachtexte kommen zur Sprache. Einige experimentierten erfolgreich mit dem Konstellationsgedicht für sich persönlich und in ihren Weiterbildungseinheiten. Drei Paare haben sich in der Zwischenzeit zur Übung Lyrik–Prosa–Lyrik gebildet.

Zur Einstimmung führe ich die Methode → Freewriting (Teil 3, S. 116 f.) ein, um damit zum Impuls »Wenn ich schreibe …« innerhalb von zehn Minuten einen Text zu erstellen. Die Methodenreflexion zeigt anhand der Skalenwerte und der anschließenden Besprechung, dass auf diesem Weg alle schnell und leicht ins Schreiben gekommen sind.

Gefühle
werden Worte
stehen auf Papier
Kreativität (Rosa)

Die hohe Bereitschaft, weiterzuschreiben, greife ich auf, indem ich eine Imagination zur → Freudenbiografie (S. 134 f.) von Verena Kast (1997) anbiete. Eine als besonders freudvoll erlebte Bewegung in der frühen Kindheit, das heißt bis zum Alter von sechs Jahren, führt zu einer Episode jener Zeit, zu den Menschen, die dabei waren, in die damalige Umgebung, Jahreszeit und Tageszeit bis hin zum Ende der Freudensituation und den Umständen, die dieses Ende herbeiführten.

Aus diesen Bilder entsteht ein Text im Freewriting, da diese Methode das assoziative Schreiben unterstützt. Ich rege an, dabei nicht den Schreibfluss zu unterbrechen, und sollte es einmal stocken, einfach einen der vorherigen Satzanfänge nochmals aufzugreifen und damit weiterzuschreiben. Bereits zu Beginn dieser Schreibaufgabe kündige ich an, dass dieser Text nicht vorgelesen wird, sondern nur für oder an sich selbst zu schreiben ist. Das könnte den inneren Dialog vertiefen. Die anschließende Verdichtung im lyrischen Kleinformat → Elfchen (Teil 3, S. 123 f.) lädt zur Distanzierung wie gleichermaßen zur Vertiefung ein. Wohl aufgrund der hohen persönlichen Bedeutsamkeit möchte niemand sein Gedicht vorlesen, eine Wahlmöglichkeit, die den Teilnehmenden ausdrücklich und jederzeit offensteht.

Da in der Pause ein reger biografischer Austausch geführt wird, verzichte ich auf die Achtsamkeitsübung, um diesen Schwung zu nutzen.

Mit der mehrschrittigen Methode → Postkarte (Teil 3, S. 122) verstärke ich sowohl die Erinnerungsarbeit als auch die Beziehungsebene zu einem biografisch bedeutsamen Menschen an. Gleichzeitig berücksichtigt sie eine Auseinandersetzung mit Selbst- und Fremdwahrnehmung. Die anschließende Methodenreflexion zeigt, zu welch tiefen Lebensthemen sie führen kann bzw. wie intensiv die selbsterfahrenen Teilnehmer sie für sich nutzen. Diese Metaebene der Auswertung führt dann zurück auf die professionelle Ebene mit kreativen Umsetzungsmöglichkeiten für die systemische Arbeit, zum Beispiel im Rahmen einer Paararbeit.

Lieber ...., endlich hier in dieser unendlichen Welt aus Eisbergen! Das Land meiner Träume unter meinen Füßen. Ich staune, schaue.
Freude im Bauch, dass es überall kitzelt. Große, schroffe Berge, graubraun und unnahbar ziehen mich an. Ich möchte bleiben! Hier im Norden ist der Himmel offen.

Die kantige Kargheit eröffnet mir Bilderbögen – und wie beim Obertonsingen weckt das Wenige mein Viel.
Lebenskraft auf allen Ebenen. Erinnert dich das auch an I.?
In Liebe .... (Greta)

In der Abschlussrunde wird ein lyrisches Resümee gezogen, entweder nochmals mit einem Elfchen, das viele Teilnehmenden ansprach, als Gedicht in frei gewählter Form oder als → Schneeball (Teil 3, S. 123 f.).

Puzzle
mein geliebtes
aus neun Teilen
auseinander – zusammen – immer – wieder
FERTIG (Boris)

Kommentar: Es finden vielfältige Begegnungen statt *(Interaktion),* mit anderen Teilnehmenden, mit inneren Repräsentanten sowie mit biografisch bedeutsamen Menschen und Orten. Unterschiedliche methodische Zugänge eröffnen neue Auseinandersetzungen mit eigenen Themen *(Kreativität)* und freudvollen Kraftquellen *(Ressourcen).* In der Kombination von intensiver Selbstbegegnung und ausführlicher Methodendiskussion erhalten die Teilnehmenden sowohl für sich selbst als auch für ihre systemischen Beratungsprozesse entwicklungsfördernde Interventionen.

Treffen 4 – Biografisches Schreiben zur Herkunftsfamilie
In der Fortsetzung des biografischen Schreibens und mit dem Bezug zur Herkunftsfamilie soll diesmal sowohl die Selbsterfahrung vertieft als auch Schnittstellen des kreatives Schreibens mit der systemischen Beratungsarbeit und Familientherapie ausgebaut werden. Wir beginnen in der Einstiegsrunde mit einem ausführlichen und angeregten Erfahrungsaustausch, den die Teilnehmer(innen) sich heute ausdrücklich wünschen, um von ihren vielen, vielfältigen Schreiberfahrungen und -experimenten zu berichten.

Nachfragen zum Elfchen greife ich dann auf und beginne mit einem solchen. Die Gruppe möchte zum Thema Herkunftsfamilie zum Aspekt »Kinder« schreiben.

In
gestreifter Latzhose
mit glucksendem Lachen
und eisverschmiertem Mund
Jan (Paula)

Einige kommentieren, dass sie bereits diese kurze Schreibaufgabe als wirkungsvoll erleben, denn sie »regt an tiefer Stelle an«, »schnelles Schreiben ist nicht gesteuert, es passiert« und »Enge macht Weite und Fülle«.

Für die zweite Schreibaufgabe »Unverhoffte Begegnung mit einem Menschen aus meiner Herkunftsfamilie« führe ich die → 30-Wort-Assoziationsmethode (Teil 3, S. 119) ein und gebe 45 Minuten Zeit. Ich selbst schreibe bei dieser Übung nicht mit, um meine ganze Aufmerksamkeit auf den Gruppenprozess und die einzelnen Teilnehmenden lenken zu können. Die Methodenreflexion bestätigt mich dann in dieser Entscheidung, wenn gesagt wird: »erst hatte ich nur schwere Worte, wurde selber eingeengt und angestrengt, und dann kam ein Hoffnungswort und führte mich weiter«, »mit den vielen Worten habe ich mich mit wichtigen Menschen verbunden« oder »es war eine Annäherung vom Wir zum Uns«.

Als Umsetzungsbereiche werden besonders Einzel-, Paar- und Familientherapie diskutiert und als methodischer Zugang in der Familienrekonstruktionsarbeit erscheint es ebenfalls geeignet.

Aufgrund der hohen persönlichen Bedeutung stellte mir niemand seinen Text oder einen Ausschnitt daraus für die Veröffentlichung zur Verfügung.

Nach der Pause führe ich mit der Achtsamkeitsübung → Flug über mein Leben (Teil 3, S. 136) in das zu bearbeitende Thema ein, bei dem noch einmal die 30-Wort-Assoziationsmethode gewählt werden kann, Clustern oder eine freie Form. So soll der Schreibraum ganz individuell geöffnet sein. In der Methodenreflexion heißt es später unter anderem: »ich habe in der dritten Person mit Außenblick geschrieben«, »überraschende Wendungen im Freewriting«.

Als ich wie ein Vogel über das Haus und den Garten meines Bruders und seiner Familie flog, sah ich einen ordentlichen Garten, mein Bruder stand auf der Terrasse

und rauchte, ich konnte es riechen. Ich konnte seine Frau hören, wie sie laut etwas durch den Garten ruft. Was ist so anders?
Mir kommen abfällige Gedanken. Wieso eigentlich? Weitere Kreise gleite ich über dem Garten, es wird mir langweilig. Hier gibt es nichts Aufregendes zu sehen. Als ich von der anderen Seite leicht zur Seite geneigt angeflogen komme, spüre ich sein Leben, mein Leben.
Das entspannt mich. Nun steige ich höher und höher, mein Bruder ist nur noch als kleiner Punkt zu sehen. Der Abstand tut gut. Ich, du, du, ich, deine Familie, meine Familie, unsere Eltern, das haben wir gemeinsam, trotzdem hattest du andere Eltern, hast dich anders getraut. Nun werde ich traurig. Ich hätte mich auch gern mehr getraut – das ging nicht.
Ich drehe noch so meine Runden und gleite über dein Haus. Ich wäre dir manchmal gern näher, nur kommt dann schnell wieder: richtig und falsch.
Manchmal muss ich dich abwerten, du verdienst mit deiner Arbeit mehr Geld und ich arbeite genauso viel wie du. In solchen Augenblicken bin ich neidisch auf dich und die Urlaube, die du – ihr euch leisten könnt. Wenn ich hoch genug geflogen bin und mich nur gleiten lasse, dann steht das nicht zwischen uns. In diesem Moment bist du mein Bruder, den ich lieb hab. (Carla)

Aufgrund des intensiven Schreibprozesses werden die Texte in einer geschützten Zweiergruppe vorgelesen. Doch möchten dann in der Abschlusssequenz alle nochmals in der Gesamtgruppe lesen. Um die entstandene dichte Atmosphäre zu halten, wünschen sich alle Teilnehmenden, diesmal auf eine distanzierend wirkende Methodenreflexion zu verzichten

Um aus der entstandenen Tiefe heraus einen Übergang zur nächsten Sitzung zu schaffen und den Kontakt untereinander aufzugreifen, gebe ich für die Zwischenzeit als Schreibempfehlung, einen Text zum Thema → Können Ameisen faulenzen? (Teil 3, S. 132) zu verfassen und an die gesamte Gruppe zu mailen. Vier Texte entstehen in der Zwischenzeit bis zum fünften Treffen und drei weitere bis zum Abschluss der Fortbildung.

Können Ameisen faulenzen?
Ich weiß nicht, ob Ameisen faulenzen können, weil ich ein Mensch bin und keine Ameise.
Wenn ich faulenze, mache ich fast gar nichts. Ich liege auf dem Sofa und lese ein

Buch. Oder ich liege am Strand und gucke aufs Meer und rieche die salzige Luft, natürlich am liebsten, wenn die Sonne scheint. Bei Regen nie, dann lese ich ein Buch auf dem Sofa.
Ameisen sind ja, wenn ich mich recht erinnere, immer in Bewegung. Sie laufen und schleppen auf wohlgeordneten Straßen irgendwelche Sachen ins Haus, den Ameisenhaufen.
Oder sie laufen in der Küche meiner Schwiegermutter auf der Arbeitsfläche herum und suchen Zucker oder Krümel. Wenn sie entdeckt werden, ist es aus. Dann müssen sie sofort das Haus verlassen und woanders etwas suchen, was sie tragen können.
Ameisen lieben es vielleicht, etwas zu tragen, sich zu bewegen und in geordneten Bahnen unentwegt hin und her zu laufen. Das ist faulenzen für sie.
Still im Gras liegen und denken oder schlafen oder auch philosophieren würde ihr Wohlbefinden erschüttern, zumindest beeinträchtigen. Das wäre dann wohl Arbeit.
Ja, Ameisen faulenzen immer! (Anna)

Kommentar: Die Kommunikation mit sich selbst bzw. mit nichtanwesenden Menschen steht im Zentrum des vierten Treffens *(Interaktion)*. Im Resonanzfeld der Gruppe wird biografisches Material rekonstruiert *(Kreativität)*, und die Einzelnen erleben sich darin selbstwirksam. Zunehmend setzen die Teilnehmenden Schreibaufgaben in ihrem Arbeitsfeld ein und erweitern damit ihr Methodenrepertoire *(Ressource)*. Sie erarbeiten sich Erkenntnissicherheit und neue Interventionen in eigener narrativen Auseinandersetzung.

Gruppendynamisch ist bis zu diesem Zeitpunkt zu beobachten, dass die Teilnehmenden ihre inneren Umwelten erweitern oder flexibler gestalten und so den Spielraum für sich selbst wie auch für die Gruppe vergrößern, während sich der Anpassungsdruck verringert. Die Beiträge werden origineller, Beziehungen untereinander vertiefen sich und einzelne Subsysteme bilden sich heraus. Die emotionalen Spannungen der Anfangssituation sind zugunsten tragender Erfahrungen im Gruppenprozess überwunden und begünstigen, dass sich lebensgeschichtliche Erfahrungen aktualisieren.

Treffen 5 – Therapeutische Ansätze des biografisch-kreativen Schreibens
In der Einstiegsrunde verbindet das Ameisenthema mit dem vorherigen Treffen. Auch andere Schreibübungen wurden in der Zwischenzeit weitergeführt. In ihren Arbeitsfeldern setzen einige Teilnehmerinnen

Elfchen und Konstruktionsgedichte ein, mehrere auch die 30-Wort-Assoziationsmethode.

Der zweite Teil der Fortbildung beginnt, und ich möchte bei diesem Treffen fachliche Konzepten vorstellen und sie mit schreibender Selbsterfahrung verbinden. Als thematischen Schwerpunkt habe ich »Schreiben in der Krise« gewählt. Zu dieser Arbeit und aufgrund der hohen emotionalen Beteiligung, die die Teilnehmenden bisher gezeigt haben, baue ich selbstsichernde Elemente ein.

Zur Verortung im Hier und Jetzt beginne ich mit der kurzen Schreibübung → Jetzt (Teil 3, S. 132) (Platsch, 2010), auch um bewusst in Kontakt mit den aktuellen Wahrnehmungen zu treten.

> *Tief Luft holen, gaaaanz tief ins Jetzt atmen, um mit jedem Luftzug die kreiselnden Gedanken in mir, die 12-Ton-Nachklänge der vergangenen Woche zu beruhigen, ja, sie im »Fach der Vergangenheit« abzulegen.*
> *Jetzt schaue ich in die glitzernden Blätter der Apfelbaumkrone vor dem Fenster. Sie spielen im Wind. Jetzt sitze ich hier, in dieser besonderen Schreibrunde, Stifte zischen übers Papier. Jetzt spüre ich die Menschen um mich herum – dankbar, beisammen zu sein.*
> *Jetzt ist der kostbare Moment in der filigranen Zeit. Jetzt ist unantastbar, im Atemzug des Jetzt bin ich geborgen. Tief Luft holen! Jetzt!* (Paula)

Die Methodenreflexion enthält einen hohen Anteil an persönlichem Erfahrungsaustausch. Die Zeitvorgabe von fünfzehn Minuten polarisierte von »genau richtig« bis »zu lang, ich wurde unruhig«. Beraterische Einsatzmöglichkeiten werden besonders in der Paar- und Familientherapie gesehen und zur Fokussierung in krisenhaften Situationen. Daneben sehen einige einen großen persönlichen Gewinn zur Entschleunigung ihres Alltags.

Nach der Pause leite ich die Achtsamkeitsübung → Innerer sicherer Ort (Teil 3, S. 133 f.) an. Sie stammt ursprünglich aus der Traumatherapie (Reddemann, 2006a, 2006b) und wird inzwischen zur Selbststeuerung der Klienten eingesetzt, da sie die Kontrollerfahrung über emotionale Prozesse stärkt.

Sie ist allen aus ihren systemischen Weiterbildungen bekannt, so dass wir hier an Vertrautes und Sicherheitsspendendes anknüpfen können.

Als therapeutischen Schreibansatz bei stelle ich das → expressive Schreiben von James W. Pennebaker (2010) vor (Teil 3, S. 136–139), den wir im kollegialen Fachgespräch anhand einer Fallvignette aus meiner Praxis diskutieren. Ein Klient schrieb im Zeitraum von sechs Tagen an vier Tagen entsprechend den Anweisungen Pennebakers jeweils circa zwanzig Minuten immer morgens vor dem Aufstehen. Er schrieb jedoch nicht über ein zurückliegendes Trauma, sondern beschrieb ein Thema, das ihn zu dieser Zeit in existenzielle Nöte brachte und bedrückte. Schreibend betrachtete er seine aktuelle Situation, beleuchtete sie aus verschiedenen Perspektiven und erarbeitete sich Lösungsoptionen. Er gab an, sich endlich seinem Thema stellen zu wollen, um diffusem Leid ein klärendes Ende zu bereiten oder es zumindest wieder handhabbar zu machen. Es gelang ihm, aus der reaktiven Gefangenperspektive zu einem aktiven Handlungsansatz zu wechseln. Entsprechend diesem Ziel, zur eigenen Position zurückzufinden und diese durchdacht zu vertreten, nannte er seinen Prozess »EigenSinn«.

Im Anschluss an diese Fallarbeit entwickelt sich ein Austausch zu persönlichen Krisenerfahrungen, bei dem sich bald der Aspekt Scham herauskristallisiert. Ich schlage vor, sich an dieser Stelle schreibend auseinanderzusetzen, was die Teilnehmenden begrüßen. Ein längerer Schreibprozess zu → Scham und Stolz (Teil 3, S. 132 f.) folgt. Die Übung besteht aus drei Schritten, die von der Gegensätzlichkeit der beiden Emotionen ausgehend in deren wechselseitigen Kontakt hineinführt mit der Option, dass sich dabei beide Seiten verändern dürfen.

Später wird der Text in selbst gewählten Zweiergruppen vorgelesen. Zwei Teilnehmende möchten sich nicht daran beteiligen und bilden auf diese Weise eine Gruppe. Später berichten sie, dass dabei fast wie von selbst ein Erfahrungsaustausch mit gegenseitigem Vorlesen entstand.

Die bekannte Auswertungsform ändere ich, da die strukturierte Methodenreflexion mit Skalierung diesmal nicht zur Gestimmtheit der Gruppe passt. Wir führen statt dessen einen bewegten persönlichen Erfahrungsaustausch, in dem deutlich wird, dass alle die »Begegnung der Widersacher« als berührend erleben und gewinnbringend entdecken, wie sehr sie zueinandergehören, wie: »manches, für das ich mich früher schämte und manchmal noch heute, macht mich auch stolz« oder »aktuelle schambesetzte Situationen triggern die alte

Angst, zurückzufallen; der Dialog verbindet und stellt die beiden Seiten einer Medaille nebeneinander«. Eine ausführliche Feedbackrunde fokussiert unter anderem auf persönliche Bewältigungsstrategien, zu denen übereinstimmend auch das kreative Schreiben gezählt wird. Keiner möchte mir ein Textbeispiel zur Veröffentlichung überlassen, doch schickt mir eine Teilnehmerin nach Abschluss der Fortbildung folgendes Gedicht, dass im Nachklang ihrer Auseinandersetzung mit Scham entstand.

Reue
Es ist eine Reue in mir
eine Verzweiflung
ein schaler Geschmack im Körper
ein verwundetes Ich in mir
eine dumpfe Klage, die bleibt
eine erschrockene Angst vor mir selbst.
Eine nachlässige Schwäche
legte den Keim.
Da ist dieses graue Entsetzen an mir
die Qual, es nicht verhindert zu haben
der klare Blick auf mein Versagen.
Da ist dieses unersättliche Nagen an mir
der Drang, den Moment zurückzuholen
ihn diesmal zu nutzen
meine Kraft zu bündeln
ein Schutzschild zu bauen
meine Stimme zu stärken
und dann ruft mein Mut »NEIN«.
Doch da ist diese Schuld an mir selbst
der Vorwurf, unachtsam verspielt zu haben
der Pfeil, schrill aus tiefem Wissen geschickt.
Haftender Begleiter
drängender Mahner
Zeuge des Versagens
unbestechliche Sicht.
Ja, es ist eine mahnende Bürde,
leichtfertig mir selbst auf die Schultern gepackt.

Kaltes Erinnern
wachsames Spüren
Helfer fürs »NICHT NOCHMAL«. (Anna)

Als Impuls zum persönlichen Weiterschreiben an den diversen angesprochenen Erfahrungen empfehle ich die → Morgenseiten (Teil 3, S. 140 f.) (Cameron, 1996), die zum regelmäßigen Schreiben über einen längeren Zeitraum von zwölf Wochen angelegt sind. Einige kennen sie bereits, und auch andere möchten diesen Impuls aufgreifen, um die positive Schreibwirkung strukturiert über die Fortbildung hinaus beizubehalten.

Zur Orientierung im Gesamtprozess der Fortbildung mache ich darauf aufmerksam, dass wir nicht weiter mit biografischem Schwerpunkt schreiben werden, sondern beim nächsten Mal zu Schreibcoaching arbeiten.

Kommentar: Die Begegnung innerer Anteile aus der Ego-State-Arbeit (Watkins u. Watkins, 2003) ist eine innerpsychische Kommunikationsform, die sich mit dem Gruppenprozess wechselseitig verbindet *(Interaktion)*. Dieser Dialog fördert Erinnerung, Auseinandersetzung und generiert Erkenntnis *(Kreativität)*, denn im De- und Rekonstruktionsprozess können die sich scheinbar widersprechenden Empfindungen und Gefühle in einen sinnstiftenden Zusammenhang gebracht und Polaritäten verbunden werden *(Ressource)*. In dieser selbsttherapeutischen Auseinandersetzung mit den weitgehend tabuisierten Aspekten Scham und Stolz erweitern die Teilnehmenden ihre Perspektive auf dialektische Bearbeitungsprozesse.

Treffen 6 – Schreibblockaden kreativ lösen

Dieses Treffen führt in das Schreibcoaching ein, um in systemischen Beratungsprozessen dafür sensibilisiert zu sein und es eventuell aufgreifen zu können. Wir begrüßen uns mit dem → Telegramm (Teil 3, S. 125 f.) und beziehen diese Texte in die Einstiegsrunde ein.

Wohlig weicher Kater schnurrt bei mir, da hat die Amsel Glück. (Greta)

Mit dieser kurzen Schreibaufgabe erleben sich die Teilnehmenden in ihrer Schreibkompetenz und sind mit Spaß bei der Sache. Die knappe

Darstellung »zwingt zum Nachdenken, wo stehe ich im Prozess«, »weitet meinen Blick und lindert Schwere« und »löst Gedankenstarre«. Gleichzeitig ist es eine erprobte Intervention bei Schreibproblemen.

Der theoretische Teil nimmt in diesem Treffen einen weitaus größeren Raum ein als in den vergangenen. Im Bereich »Schreibblockaden« stelle ich Ansätze der Schreibberatung vor und wir sammeln miteinander die Schreibaufgaben unserer Fortbildung, die wir für geeignet halten, um Schreibhemmungen zu begegnen. Fast alle werden, vorausgesetzt, dass sie in ihrer Aufgabenstellung auf das Klientel und den vereinbarten Auftrag abgestimmt sind, für geeignet erklärt. An diversen Beispielen wird deutlich, dass bereits alle Teilnehmenden von ihrer eigenen Schreibkompetenz profitieren.

Im regen Erfahrungsaustausch ist die Stimmung nach wie vor wertschätzend, konstruktiv und es herrscht Verbundenheit. Konflikthafte Entwicklungen, auf die ich eingestellt war, traten bisher nicht auf.

Der zweite Teil des Treffens beginnt mit der Imagination »Mein guter Ort«. Sie ermöglicht es, bei Bedarf die Bilder des inneren sicheren Ortes aufzugreifen oder durch die neue Anleitung zu weiteren Ressourcenbildern zu finden.

Mit einer anschließenden Schwungübung (nach Rico, 2004) auf DIN-A3-Papier malen wir intuitiv entstehende Wortfiguren zum Thema »Zensor und Erlauberin«. Es ist möglich, auch Worte, Symbole, Zitate etc. in die großflächigen Zeichnungen einzufügen. Damit ist eine spielerische Übung eingeführt, die (Schreib-)Hemmungen in lösende Bewegungen bringt. Nach der anfänglichen Begegnung mit dem inneren Zensor gelingt es bald, schwungvoll wieder zur Leichtigkeit zu finden und in Kontakt mit der inneren Erlauberin zu treten.

An diese Erfahrung und die vorgelesenen Texte knüpft der anschließende zweite Theorieteil zur Schreibberatung an. Einige Schreibhemmungen und -nöte kommen zur Sprache. Zum Selbstcoaching stelle ich ein spezielles Programm (Scheuermann, 2011) vor, bevor ich den Schreibdialog von → Zensor und Erlauberin (Teil 3, S. 122 f.) anrege, die sich analog zur Schreibaufgabe »Scham und Stolz« erst einzeln darstellen, bevor sie sich begegnen. Damit greife ich die bereits eingeführte Methode des inneren Dialogs verstärkend auf. In der Methodenreflexion freut sich ein Teilnehmer darüber, dass »es meiner inneren Erlauberin möglich ist, den fiesen inneren Zensor zu überlisten oder zumindest in Schach zu halten«, eine andere Teilnehmerin erkannte, dass ihr Zensor, wenn auch in Härte und Strenge verpackt, doch eine wohlmeinende Mahnfunktion innehabe.

Kommentar: Der Dialog mit sich selbst relativiert den inneren Kritiker, was sich im gemeinsamen Austausch noch verstärkt *(Interaktion).* Dieser Schreibprozess bietet einen mitunter humorvollen Zugang zu abgewerteten inneren Anteilen und Versagenserfahrungen *(Kreativität).* Auch das laute Lesen ist eine Form des Zu-sich-Stehens, bei dem die Einzelnen durch die Gruppe Aufmerksamkeit und Würdigung erfahren *(Ressource).* Die Teilnehmenden nutzen diesen Selbstachtsamkeit fördernden Zugang für ihre Selbst(für)sorge.

Hinsichtlich der Gruppendynamik fällt auf, dass manche Teilnehmende sich zu dieser Zeit in schwierigen Umbruchsituationen befinden und erschöpft sind von den notwendigen Bewältigungsleistungen. Insgesamt arbeitet die Gruppe jetzt langsamer. Sorgfalt, Respekt und Vertrauen sind meinem Eindruck nach gleich geblieben.

Das Bedürfnis, von sich und der eigenen Situation zu erzählen, besteht jedoch – und mehr als am Anfang. Der Kurs hat den Charakter einer Selbsterfahrungsgruppe angenommen.

Treffen 7 – Literarische Geselligkeit

Es liegt etwas anderes in der Luft, das ist atmosphärisch schon zu Beginn der Einstiegsrunde zu spüren, und die Teilnehmenden bezeichnen es als »Neugier«, »freudige Anspannung« und »Entdeckerfreude«. Zehn Schreibstationen stehen zur Auswahl, jede mit einer bunten Sanduhr entsprechend der Zeitangabe (nach Girgensohn, 2011). Die Pause wird individuell eingelegt. Ein Hinweis zur Eigenarbeit: Jede Schreibstation ist mit buntem Papier, Sanduhr und weiteren Materialien ausgestattet. Nach der vorgegebenen Schreibzeit wird dem Vorlesen eine besondere Bedeutung verliehen, im feierlichen Ambiente sitzt die jeweilig vorlesende Teilnehmerin auf einem als Thron geschmückten Stuhl. Beim Lesen ist sie aufgefordert, dem Widerhall der eigenen Stimme nachzuspüren (Baumgarten, 2013) und in diesem Dialog mit sich selbst ihre zentrale Aussage zu überprüfen. Anschließend erhält sie Feedback zu einer von ihr gewählten Frage. In der letzten halben Stunde besteht dann die Möglichkeit, den eigenen vorgelesenen Text zu überarbeiten.

Von den Schreibaufgaben findet der → Briefroman (Teil 3, S. 130 f.) besonders großen Anklang, und → Farbspiel (S. 126 f.) wird gleich viermal gewählt. Texte aus den Übungen → Mein Körper (S. 127), → Gefühle metaphorisch (S. 127 f.), → Tierminiatur (S. 128), → Dein Bild in mir (S. 128 f.), → Wer hätte das gedacht? (S. 129) werden als für die Biografiearbeit besonders geeignet beurteilt und → Lebenslandschaft (S. 129 f.) für die Paartherapie. Des Weiteren werden die Übungen → Schreiben zu einem Anfangssatz (S. 130) und → Vorstellungsbilder (S. 130) angeboten. Insgesamt finden diese freien Schreibübungen viel Anklang und werden als »gewinnbringend«, »erkenntnistief«, »überraschend«, »klärend«, »versöhnlich« oder »selbsttherapeutisch« bezeichnet. Ideen zu deren Einsatz in den systemischen Arbeitskontext gibt es reichlich, denn alle Teilnehmenden setzen inzwischen kreatives Schreiben ein und haben nur auf weitere Anregungen gewartet.

> *Mein Körper*
> *Mein Körper, mein einmaliges Zuhause in dieser Welt,*
> *mein Lebensraum, mein Schutz, du bettest mich in Geborgenheit!*
> *Eine hoch gewachsene Birke trägt ihre weit gestreckte Krone, deren Blätter mit jedem Luftzug farbspielen und in denen der Wind sich rauschend wirbelt. Deine weichen Blüten sind sensible Seismographen, jeder Zweig eine tastende Antenne – aufmerksam, mit offenen Poren. Verletzlich!*
> *Dein hoch gewachsener schlanker Stamm leuchtet silbrig in der Sommersonne, verbindet verlässlich die geistigen Welten mit den Elementen, verankert mich im Hier und Jetzt. Stabil!*
> *Emsiges Leben im Wanderwurzelgewebe, verwächst sich in jeden Standort hinein, in fetten Allgäuboden, in Heidesand, am Wasserlauf, in der Liebe. Zuhause!* (Boris)

Vorstellungsbilder:

> *Junikäferin fliegt*
> *Aus Leistungserwartungen geflogen*
> *verzweifelt gelandet im Aus.*
> *Der mütterlichen Schwerkraft entflogen*
> *und eigener Fliehkraft gefolgt.*

Aus vorgesteckten Feldern entflogen
meinem Flügelschlag vertraut.
Mutige Eigenbewegungen flogen
kühn ins Urvertrauen hinein
Flieg, Junikäferin, weiter
und weiter und weiter und weiter und (Hilda)

Tierminiatur:

Spinne
An meiner Zimmerdecke die Spinne. Sie beherrscht ihr Netz als existenzielles Lebensmuster. Doch wo sehe ich meinen Platz in der gesellschaftlichen Vernetzung? Wo falle ich durch die Löcher, und welche Knotenpunkte geben mir Halt, halten Zerreißproben stand? Welche Fäden sind stabil, welche brüchig, und welche Farben gebe ich den einzelnen?
Soziale Vernetzung, ein menschliches Grundbedürfnis, ist existenziell. Wohl den Systemen, in denen individuelle Vernetzungsprozesse genutzt werden können.
Die Angst vor Spionagenetzen, die kein Entkommen aus der Verfolgung ermöglichen, sitzt generationenübergreifend tief und meldet sich in den Gedanken um globale Vernetzung, mediale Netzwerke, die mich als Einzelne beherrschen (könnten).
Wo sitzt die Spinne? (Anna)

Kommentar: Das offen gestaltete Treffen aktiviert, an den Schreibstationen sind erst einmal alle mit sich selbst befasst und treten erst bei der Lesung in einen nahen Kontakt *(Interaktion)*. Die Vielzahl der Angebote ist anregend *(Kreativität)*, so dass neben Selbsterkenntnissen einige Methodenkompetenz und Hinweise zum Redigieren erworben werden können *(Ressource)*. Für sich selbst wie für ihre Beratungsarbeit erhalten die Teilnehmenden einen Zuwachs ihrer Schreibsicherheit und erleben sich selbstwirksam.

Treffen 8 – Bilanz
Um nach dem Joining bewusst in Kontakt mit sich selbst zu treten, schlage ich vor, ein → Haiku (Teil 3, S. 123 ff.) zu schreiben, da diese japanische Lyrik in ihrer strukturierten Form ein zentriertes Ausdrucksmittel bietet. Einige reagieren skeptisch, andere erleben das Silbenzählen als Zumutung. Wie sich dann in der Methodenreflexion

herausstellt, hat diese Übung manche in Schultrance mit entsprechender Abwehrhaltung geführt. Erstaunlicherweise bewerten die meisten es dann abschließend als positives Format, um Emotionen strukturiert in Worte zu fassen oder um tief Bewegendes auszudrücken.

Schmetterling ist fort
Was bleibt mir noch zu träumen
Ich male Bilder (Anna)

Das letzte Treffen dient der persönlichen Auswertung. Die gesamte Fortbildung wird heute schreibend evaluiert. In einer komplexen Schreibaufgabe »Bedeutung des Schreibens in meinem Leben« soll die individuelle Bedeutung des Schreibens in unterschiedlichen Lebenssituationen schreibend und malend dargestellt werden und mit einem zentralen Motto, Titel oder einer Kernaussage verdichtet der Gruppe vorgestellt werden.

Im ersten Schritt erstellen die Teilnehmenden ein Doppelcluster zu »Leben und Schreiben«, um aus dem ermittelten Bedeutungsnetz einen Text zu erstellen. Da die Schwungübung so positiv aufgenommen wurde, greife ich diesen Bewegungsaspekt auf, indem ich anleite, diesen Text anschließend zu malen, dazu einfach eine ansprechende Farbe in die Hand zu nehmen und den Impulsen der Hand nachzugeben. Für zwei bedeutet die Malaufforderung zwar Stress, doch baut dieser sich bereits im zweiten Malanlauf spürbar ab. Das fertige Bild wird unter einen Kernsatz, ein Motto oder einen Begriff gestellt und damit nochmals verdichtet.

Zum Erfahrungsaustausch eröffnen wir dann eine »Vernissage wertvoller Seelenbilder«. Wir tragen das eigene Bild sichtbar vor uns her, ohne zu sprechen bewegen wir uns so lange im Raum, bis sich alle Bilder begegnet sind. Dann finden sich die Bilder in Zweiergruppen zusammen, um von ihren Malerinnen gegenseitig vorgestellt zu werden und Rückmeldung zu erhalten über die Schwingungen, Eindrücke, Hypothesen, die sie beim Betrachter auslösen. Im anschließenden Erfahrungsaustausch kommen zum Beispiel unangenehme Schulerfahrungen zur Sprache und Erfahrungen wie die Unwilligkeit, in einen Erkenntnisraum gelangt zu sein, oder dass das ganze eigene Schreibleben aufgerollt wurde. Auch biografische Inhalte werden mitgeteilt. Übereinstimmend wird die Übung als gewinnbringend beurteilt und der Austausch über die Bilder als eine originelle Art wahrgenommen, sich und andere zu treffen.

Kommentar: Die Kommunikation über die Bilder eröffnet eine neue Begegnung, in der sich nicht die Menschen, sondern die Bilder verabreden, um zirkulär über die Menschen zu berichten *(Interaktion).* Schreiben und Malen im Wechsel spricht unterschiedliche Seiten im Einzelnen an, die sich im Prozessgeschehen dann zu neuen Ausdrucksformen erweitern *(Kreativität).* Unliebsame Erinnerungen werden ebenso ins Bewusstsein gebracht wie freudige Erfahrungen und werden damit ihrer Bearbeitung zugänglich *(Ressource).* Kreatives Schreiben fördert die Teilnehmenden besonders in ihrer persönlichen Entwicklung.

Nachbetrachtung

Jede Fortbildung ist einzigartig und jede Erstaufführung besonders. Bei dieser ist zu berücksichtigen, dass es sich um ein Pilotprojekt unseres Instituts handelt, an dem ausschließlich dort ausgebildete Kolleginnen teilnahmen, die sich bereits untereinander weniger oder mehr kannten und in einer wertschätzenden kollegialen Beziehung zueinander stehen. Die meisten von ihnen lehren in unseren Weiterbildungen als Dozenten oder Lehrsupervisorinnen. Zu den Besonderheiten zählt auch, dass die Institutsleitung als Koleitung teilnahm. Daher konnten wir die Erfahrungen kontinuierlich im institutionellen Rahmen reflektieren. Das trug maßgeblich zur fundierten Integration des kreativen Schreibens und des Schreibwirkmodells in unsere Weiterbildungscurricula bei.

Bei der Umsetzung in einem anderen Fortbildungskontext oder bei weniger geschulten Teilnehmenden empfehlen wir, für die einzelnen Schreibaufgaben mehr Zeit zur Verfügung zu stellen und die tiefergehenden, größeren Schreibaktionen durch noch mehr kleinere, ermutigende Schreibübungen zu flankieren. Konstruktive Feedbackmethoden sollten vom ersten Treffen an eingeführt und Überarbeitungsformen eingeübt werden.

Die Überprüfung meiner Ausgangshypothesen in der kollegialen Auswertung mit den Teilnehmenden und der Institutsleitung konnte diese bestätigen. Kreatives Schreiben bietet systemischen Beraterinnen,

Familientherapeuten und Coaches einen Selbstachtsamkeit fördernden Zugang zu ihren eigenen Narrationen und unterstützt sie damit in ihrem Bemühen um Selbstsorge. Gleichermaßen bietet es, im systemischen Beratungsprozess eingesetzt, den dafür empfänglichen Klientinnen vielfältige entwicklungsfördernde Interventionen. Als Element der Selbsterfahrung bietet kreatives Schreiben spielerische Zugänge zu tiefen Erfahrungen. Indem es hilft, diese in neuen Ausdrucksformen zu rekonstruieren, vermitteln die Texte auch den Beratern und Therapeutinnen wertvolle Hinweise für ihre weiterführenden Interventionen.

Das Schreibwirkmodell bietet einen Ansatz zur Einführung des kreativen Schreibens in den systemischen Beratungskontext. Möglicherweise hat es noch einige Hürden, darunter den Umgang mit belastenden Schulerfahrungen, zu nehmen, doch ließe sich aus den bisherigen Ergebnissen eine weitere Hypothese ableiten, dass nun, da dieses Buch vorliegt, Systemikerinnen zukünftig auch die kreativen Schreibwirkungen für sich und ihr Klientel entwicklungsfördernd nutzen.

»Wenn eine Idee am Anfang nicht absurd klingt,
dann gibt es keine Hoffnung für sie.« (Albert Einstein)

Schreiben schafft Mehrwert

Kreatives Schreiben in die Unternehmensentwicklung integrieren

Die Anforderungen an Unternehmen und gesellschaftliche Organisationen verändern sich ständig. Dabei sind die ökonomische Leistungsfähigkeit oder die wachsenden Ansprüche an Dienstleitungen nur die eine Seite der Medaille. Der politische und gesellschaftliche Druck weitet sich aus auf den Nachweis ökologischer und soziokultureller Standards in vielen Arbeitsfeldern. In der Folge wird immer mehr von immer weniger Personal verlangt. Das »Humankapital« ist ein anerkanntes Mittel zur Wertschöpfung und dennoch wird es verbraucht, als gebe es unerschöpfliche Vorkommen. Man verschließt die Augen vor persönlichen und wirtschaftlichen Folgen dieser Ausbeutung. Die Menschen sollen immer länger arbeiten, während sie schon bald von zwei Seiten her brennen – und am Ende früher als je zuvor ausgebrannt sind. Gefordert werden flexibles Handeln, Eigenaktivität und Gestaltungskompetenz sowie immerwährende Widerstandsfähigkeit, insbesondere in belastenden Situationen und Krisen. »Zugleich ist aber auch das Risiko des Scheiterns gewachsen. Vor allem die oft nicht ausreichenden psychischen, sozialen und materiellen Ressourcen erhöhen diese Risikolage« (Keupp, 2012, S. 24).

Moderne Personalentwicklung und Unternehmensberatung steht vor der Herausforderung, dieser Entwicklung verantwortlich und nachhaltig entgegenzutreten. Immer mehr, immer höher, immer schneller sind nicht die adäquaten Leitsätze. Nicht die schnelle Lösung neuer Probleme schafft die Erleichterung, sondern Prozesse, die auch in der Zukunft Bestand haben. Gefragt ist der Blick auf die vorhandenen Werte und die qualitative Substanz in den eigenen Reihen – ebenso wie das Wissen um den systemischen Zusammenhang von personaler und organisationaler Interaktion, die im Zusammenwirken Entwicklung befördern oder behindern kann. Und manchmal ist auch Mut gefragt, ganz neue Wege zu gehen, um ans Ziel zu kommen. Wege, die sich vielleicht erst auf den zweiten Blick erschließen, wenn sich mit ungewöhnlichen Methoden ein alternativer Zugang eröffnet. Hier nun rückt das kreative Schreiben in den Fokus von Personal- und Organisationsentwicklung (Abbildung 4).

In der Unternehmensentwicklung wird wie bereits angedeutet oft vernachlässigt, wie sehr Veränderungsprozesse die beteiligten Akteure belasten. Jeder neue Entwicklungsschritt kann sich für die Mitarbeiter(innen) potenziell als Krise darstellen. Neue, auch objektiv vernünftige Veränderungen negieren zunächst das Bestehende. In der Phase der Implementierung von Veränderungen bin ich subjektiv damit konfrontiert, dass ich etwas tue, was nicht mehr produktiv ist oder was nicht mehr gewollt ist. Das Neue löst Widerstand und Angst aus. Ich bin im Stress. Selbst Krisen, die nicht von existenzieller Bedeutung sind, können von hoher Belastung sein, am Selbstbewusstsein nagen und bis in das private Umfeld wirken. Die permanente Beanspruchung und Überforderung ist für viele zur beruflichen Normalität geworden. Die individuellen Auswirkungen werden nicht nur zum gesundheitlichen Risiko für die Menschen selbst, sondern auch für notwendige Entwicklungen und Anpassungen an gesellschaftliche Veränderungen in den Organisationen (Pietsch u. Schumacher, 2009).

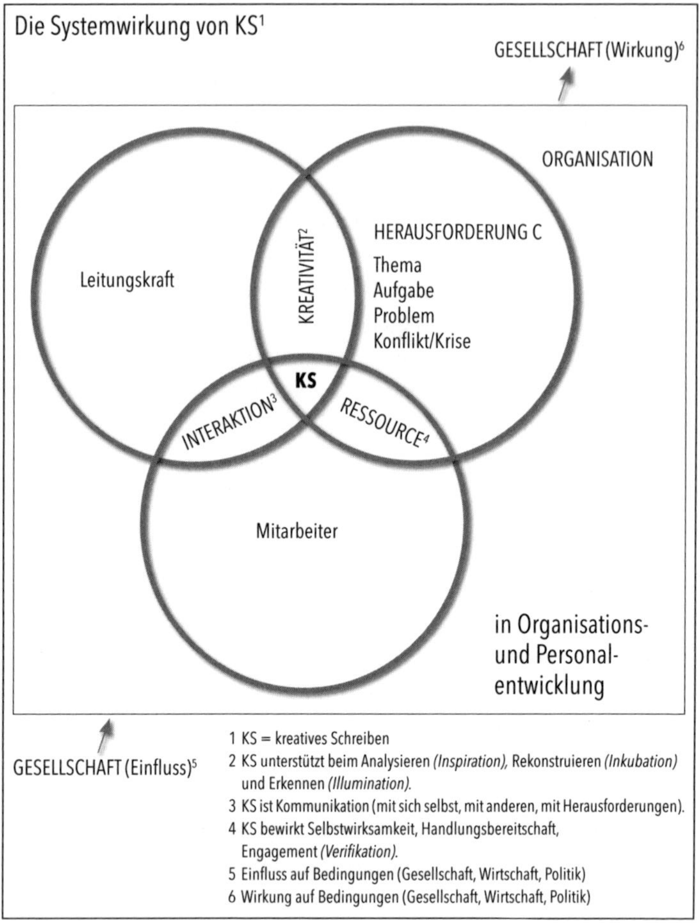

Abbildung 4: Das systemische Schreibwirkmodell in der Personal- und Organisationsentwicklung

Das im Folgenden darzustellende Modellprojekt »Kreatives Schreiben zur Bewältigung von Belastungen im Arbeitsprozess« zeigt zwei entscheidende Ergebnisse, die zur Entwicklung individueller Widerstandsfähigkeit in krisenhaften Situationen beitragen können:

1. je mehr Stress, desto weniger Selbstwirksamkeitserwartung,
2. je mehr Selbstachtsamkeit, umso mehr Entdeckung der zur Verfügung stehenden Ressourcen (Haußmann, 2013).

Das Training der Selbstachtsamkeit ist eine Basiskompetenz zur Entwicklung individueller resilienter Faktoren. Die Perspektive ist: Die Menschen werden stressresistenter, sie bleiben hoffnungsvoller und werden selbstbewusster. Ihre Entscheidungsfreudigkeit wächst auch in schwierigen Situationen.

Das systemische Schreibwirkmodell eröffnet in diesem Zusammenhang eine neue Perspektive für Prozesse in der Organisationsentwicklung (siehe Tabelle 2). Wenn lösungs- und produktbezogene Prozesse in der Umsetzung scheitern, weil Person wie Organisation an ihre Grenzen geraten, dann wirkt eine prozessorientierte Intervention wie kreatives Schreiben über die Person ressourcenfördernd in das ganze System hinein. Dabei ergänzen sich kreatives Schreiben und die Entwicklung von Resilienz in erstaunlicher Weise, denn der Erfolg beruht auf dem Prozessgeschehen und nicht auf zielgerichteter Handlung.

Tabelle 2: Gegenüberstellung lösungsorientierte und prozessorientierte Interventionen

lösungsorientiertes Interventionskonzept (ressourcenorientiert auf Arbeit/Aufgabenstellung fokussiert)	**prozessorientiertes Interventionskonzept (ressourcenorientiert auf Person fokussiert)**
Problemanalyse Identifikation systemischer Bedingungsfaktoren Problemdefinition Lösungen/Zukunftsvisionen Umsetzung/Aktivierung von Ressourcen Anpassungen während der Umsetzung (an Bedingungsfaktoren bezogen auf personale und organisatorische Möglichkeiten)	Selbstanalyse Wahrnehmung *Selbstwirksamkeitserwartung* Reflexion Erkenntnis *Achtsamkeit* Selbststärkung Selbstentwicklung *Resilienz*
Hier: Grenzen der personalen Entwicklungsfähigkeit durch Belastung, Stress, Motivationsverlust der Mitarbeiter	Hier: personale Entwicklungsmöglichkeiten, die an der Schnittstelle zur Arbeit und Organisation Wirkung zeigen

In diesem Sinne unterstützt das Schreibwirkmodell eine zukunftsfähige Neuorientierung in der Achtung und Wahrung personaler Ressourcen. Wenn es gelingt, die Wirkkraft des kreatives Schreibens institutionell zu verankern und die dauerhaften Orientierung auf vorhandene Ressourcen zu fördern, dann kann sich kreatives Schreiben als Maßnahme zur konstanten Förderung von Mitarbeitern dauerhaft durch das Arbeitsleben ziehen und ein Baustein in der Karriereentwicklung werden.

> »Die Erschöpfungsmüdigkeit ist eine Müdigkeit der positiven Potenz. Sie macht unfähig, etwas zu tun. Die Müdigkeit, die inspiriert, ist eine Müdigkeit der negativen Potenz, nämlich des nicht-zu. Heilig ist nicht der Tag des um-zu, sondern der Tag des nicht-zu, ein Tag, an dem der Gebrauch des Unbrauchbaren möglich wäre. Er ist der Tag der Müdigkeit.«
> (Byung-Chul Han, 2010)

Das Modellprojekt

In meiner Profession als systemische Beraterin in der Organisationsberatung und Personalentwicklung begegnen mir immer wieder Menschen, die sich an ihrem Arbeitsplatz extrem belastet fühlen und nach Modellen fragen, mit denen sie sich selbst oder ihre Arbeitsbedingungen beeinflussen können. Auf der anderen Seite kommen Organisationen und Unternehmen an ihre Grenzen, wenn Mitarbeiter sich notwendigen Entwicklungen verweigern. Es sind die immer wiederkehrenden Fragen, die von Führungskräften in Entwicklungsprozessen formuliert werden: Wie kann ich Mitarbeiterinnen motivieren? Wie kann ich Mitarbeiter für neue Entwicklungen begeistern? Und wie begegne ich dem hohen Krankenstand? Beide Seiten sind auf der Suche nach hilfreichen Interventionen zur Stärkung der Menschen im Arbeitszusammenhang, um das Gleichgewicht von Anforderung, Belastung und Bewältigung herzustellen, und trotzdem sind Stichworte wie Stress, Burnout und Belastungsdepression aktueller als je zuvor. Dieser Zusammenhang spiegelt sich in neueren Untersuchungen »sozialwissenschaftlicher Erkenntnisdeutung« (Keupp, 2012, S. 27) wider und die Frage ist, mit welchen Konzepten wir uns in der Beratung und Lehre darauf einstellen.

Fast vier Jahre habe ich mit Leitungskräften aus Hamburger Kindertageseinrichtungen gearbeitet. Thematisiert wurde die Vereinbarkeit von Familie und Beruf unter dem Eindruck der gesellschaftlichen Kritik, dass es zum Einstieg bzw. zur Rückkehr in den Beruf an maßgeschneiderten Betreuungsangeboten, insbesondere für Kinder alleinerziehender Frauen, mangelte. Es fehlten zusätzliche Angebote, die auf die Bedingungen der vorhandenen Ausbildungs- und Arbeitsplätze zugeschnitten waren. Mit hoher Kompetenz, Erfahrungswissen und kollegialer Innovationsbereitschaft engagierten sich die Teilnehmerinnen in den Entwicklungsprozessen. Das Ergebnis war eine Palette von neuen Konzepten, die direkt auf die Bedingungen der jeweiligen Einrichtung abgestimmt waren und zunächst doch in der Mehrzahl an der Umsetzung scheiterten. Die Analyse dieser Erfahrungen zeigte, dass die Realisierung der Projekte weder an der Motivation der Mitarbeiterinnen scheiterte noch an ihrer Bereitschaft zur Veränderung. Es fehlte die Kraft zur Einführung neuer und in der Regel zusätzlicher Angebote. Was die Mitarbeiterinnen in den Kindertagesstätten bewegte, spiegelt sich in folgenden Fragen, die seitdem nicht an Aktualität verloren haben: Wie halte ich den ständig wachsenden Anforderungen stand? Wie bewältige ich den Arbeitsalltag? Wie schütze ich mich vor den Folgen ständiger Überarbeitung? Wie schaffe ich es, mich immer wieder neu zu motivieren? Impliziert sind Aussagen zum psychischen und physischen Belastungsempfinden der Mitarbeiterinnen, zu ihren Erfahrungen mit gesundheitlichen Auswirkungen sowie zum Stand der Selbstreflexion über Wege zur Bewältigung dieser Belastungen.

Für mich ist diese Erfahrung zum Impuls geworden, dem nachzugehen, was hinter diesen Fragen steht. Meine Beobachtung war, dass selbst hoch engagierte Menschen im Stress den Kontakt mit sich selbst verlieren. Sie verlieren ihre Selbstüberzeugung, ihr Selbstvertrauen und ihren Mut, es fällt ihnen schwer, Motivation aus sich selbst heraus zu schöpfen. Mir wurde bewusst, dass es vor der Umsetzung von Strategien und Lösungen einen Schritt geben muss, der sich aus einer anderen Quelle speist als aus Logik, Vernunft und theoretischer Machbarkeit.

Von der (Selbst-)Analyse zur Entwicklung von Resilienz

Die Herausforderung war, den Zugang zu einem neuen Weg im Umgang mit den geschilderten Belastungen zu finden, und auszuloten, inwieweit das kreative Schreiben im beraterisch-systemischen Handlungsfeld wirkungsvoll zum Einsatz kommen kann. Das Konzept wurde in der interaktiven Systematik des systemischen Schreibwirkmodells entwickelt, durchgeführt und ausgewertet.

Mich interessierte die Konkretisierung der genannten Mitarbeiterfragen, die ich in folgende Kategorien eingeteilt habe:

- *Belastung,* gemeint sind die Belastungen im beruflichen Alltag.
- *Auswirkungen,* die Frage ist, welche Auswirkungen daraus resultieren.
- *Bewältigungsstrategien,* hier geht es um die zur Verfügung stehenden Ressourcen.

Mich interessierten die Differenzierungen zu diesem Thema und ich wollte wissen, ob es Anhaltspunkte dafür gibt, dass es mit Methoden des kreativen Schreibens gelingen kann, eigene Ressourcen zu (re-) aktivieren, zu entwickeln und zur Bewältigung von Belastungen einzusetzen. Schreibend haben die Teilnehmerinnen ihre Arbeitssituation, die daraus resultierenden Belastungen und die zur Verfügung stehenden Bewältigungsstrategien analysiert *(Inspiration),* sich in einem gemeinsamen Schreibprozess mit den Ergebnissen auseinandergesetzt *(Inkubation)* und sind dabei zu tieferen Erkenntnissen gelangt *(Illumination).*

Unter den geschilderten gesellschaftlichen Veränderungen spielt die Anpassungsleistung der Mitarbeiter an die gestellten Anforderungen eine große Rolle. Die systemischen Grundannahmen von Selbstorganisation und Selbstreferenz (Luhmann, 1994) bieten hier einen hilfreichen Ansatz für anstehende Maßnahmen der Personalentwicklung und Organisationsberatung. Sie nehmen die Gesamtheit der Einflussfaktoren von Individuum und Organisation in den Blick, um Belastungselemente ebenso zu identifizieren wie die zu aktivierenden Ressourcen (Leypold, 2009). Weil Mensch und Organisation als lernende Organisation in ihrem Expertentum für das eigene System gesehen werden, sind sie damit auch Experten ihrer Entwicklung und Problemlösungen.

Die Belastung von Mitarbeitern in der Kinder und Jugendhilfe
Die Definition der Arbeitsbelastung von Erzieherinnen und Pädagoginnen beinhaltet in der allgemeinen Bedeutung keine treffsicheren und objektiv messbaren Faktoren. Forschungsergebnisse zur Objektivierung von Belastungsfaktoren erbrachten keine befriedigenden Ergebnisse, vielmehr entscheidet die subjektive Wahrnehmung von beschreibbaren Stressoren, ob sich Menschen überdurchschnittlich belastet und gesundheitlich bedroht fühlen oder eben nicht (Boni-Tamm, 2006). Dennoch gibt es eine Reihe von Untersuchungen, die sich speziell mit den Belastungen am Arbeitsplatz Kita beschäftigen. Dort werden Risikofaktoren analysiert und folgenden Kategorien zugeordnet:

- physikalische Bedingungen,
- organisatorische Faktoren,
- Anforderungen an die Arbeitsaufgabe,
- soziale und gesellschaftliche Faktoren.

Darüber hinaus werden personenbezogene Merkmale aufgelistet, die einen Zusammenhang zwischen Belastung und psychischer Beanspruchung beschreiben (Thinschmidt, 2009, 2010) und aus denen sich Auswirkungen ableiten lassen, wie körperliche Beschwerden, Burnout oder Leistungsabfall. Es bleibt die Erkenntnis, dass die Arbeitsbelastung und selbst deren gesundheitliche Auswirkungen einer subjektiven Bewertung unterliegen, wobei nicht bestritten wird, dass die Belastungssituation unterschiedliche Auswirkungen auf den Menschen hat. Sie führt zu physischen und psychischen Reaktionen und beeinflusst das Verhalten. »Je nach persönlicher Konstitution und Kondition, Situation und Disposition, Qualifikation und Motivation verfügen Menschen über unterschiedliche Leistungs- und Widerstandsfähigkeit« (Boni-Tamm, 2006, S. 25). Damit beschreibt sie bedeutende Grundannahmen der Modelle zur Selbstwirksamkeit und Resilienz.

Selbstwirksamkeit und Selbstwirksamkeitserwartung
Das Konzept der Selbstwirksamkeit ist ein Konstrukt, das aus der psychologischen und pädagogischen Forschung im Arbeitskontext angekommen ist. Die individuelle Einschätzung der eigenen Kompe-

tenzen im Umgang mit alltäglichen Anforderungen und die subjektive Überzeugung, Schwierigkeiten bewältigen zu können, sind zentrale personelle Ressourcen. Sie beeinflussen private wie berufliche Entscheidungen und prägen mentale und psychische Verarbeitungsmöglichkeiten von Erfolg und Niederlage. Bandura (1997) beschreibt vier Quellen für Selbstwirksamkeitserwartungen, die sich aufeinander beziehen:

- eigene Erfahrung (»mastery experience«),
- indirekte Erfahrung (»vicarous experience«),
- sozialer Zuspruch (»symbolic experience«) und
- emotionale Erregung (»emotional arousal«).

Bewältigungsstrategien – Modelle zum Umgang mit Belastungen
Das Konzept der Selbstwirksamkeit erklärt die Wahrnehmung und subjektive Bewertung der eigenen Ressourcen im Kontext sozialer und psychischer Einflussfaktoren als Grundlage zur Erklärung unterschiedlichster Bewältigungsstrategien von Belastungen und Krisen. Impliziert ist, dass die subjektive Haltung im Umgang mit Herausforderungen und Krisen im Arbeitsalltag einen Teil der psychischen und physischen Widerstandskraft des Menschen ausmacht, die auf unterschiedliche Weise ausgeprägt ist. Während die einen an den gewachsenen Anforderungen scheitern, indem sie resignieren oder krank werden, schaffen es andere, Krisen souverän zu meistern oder sogar daran zu wachsen. Für diese Phänomene gibt es unterschiedliche Erklärungsansätze, die sich mit der individuellen Widerstandsfähigkeit auseinandersetzen, und unterschiedliche Konzepte, deren Grundlage jene Menschen sind, die Haltungen oder Verhaltensweisen entwickelt haben, die sie auch in extremen Situationen und in Krisen davor schützen krank zu werden: »Die Konzepte zum Umgang mit Belastungen beruhen mehrheitlich auf diesen Ressourcen und entwicklungsorientierten Perspektiven« (Sigrist, 2010, S. 26). Wegweisend gilt der von Aaron Antonovsky entwickelte Ansatz der Salutogenese, der das Verständnis von Gesundheit und Krankheit neu definiert, indem er Gesundheit nicht als Zustand, sondern als Prozess beschreibt, in dem der Mensch erlernte Strategien einsetzt, um gefährliche Einflüsse zu überstehen. Für die Differenzierung individuell unterschiedlicher Strategien führte er den Begriff *Kohärenz* ein,

der sinngemäß die innere Stimmigkeit bezeichnet (Antonovsky u. Franke, 1997). Der Mensch reagiert unterschiedlich auf Spannungen und Stress, je nach Ausprägung des individuellen Kohärenzerlebens, das von drei Aspekten gespeist wird: Verstehen, Handhabbarkeit und Sinnhaftigkeit des eigenen Lebens. In der Gemeinsamkeit der Konzepte, die den Umgang mit Belastungen erklären, keimt die Frage, wie und ob sich die Widerstandsfähigkeit weiterentwickeln lässt, denn Antonovsky sieht das Kohärenzgefühl als eine Disposition, die sich im Laufe der Kindheit entwickelt und stark von der Umwelt geprägt wird. Die Entwicklung ist im frühen Erwachsenenalter abgeschlossen; danach lässt sich das Kohärenzgefühl kaum noch verbessern.

Insbesondere der Aspekt der psychischen Widerstandsfähigkeit (Resilienz) ist in den letzten Jahren in den Blickwinkel der Forschung geraten. In diesem Zusammenhang werden aktuelle Forschungsergebnisse auch auf Anwendungsbereiche in der Arbeitswelt bezogen, denn »das besondere Interesse der Resilienzforschung galt einer positiven Entwicklungstendenz, die nach Voraussagen der Grundlagenforschung so nicht zu erwarten gewesen wäre« (Sigrist, 2010, S. 31). In diesem Sinne ist Resilienz erlernbar oder entwickelbar und als Ressource zur Bewältigung von Krisen zu aktivieren (Reddemann, 2006b), was das Resilienzmodell unter anderem für Konzepte in der Personal- und Organisationsentwicklung interessant macht: »Gerade auch unter Berücksichtigung des demografischen Wandels und der daraus resultierenden steigenden Wertigkeit des Faktors Humankapital ist es dringend erforderlich, dass auf die veränderten, gesundheitsschädlichen Einflüsse reagiert wird. Fehlende Perspektiven, Umstrukturierungen und Stress sind in der heutigen Arbeitswelt an der Tagesordnung. Doch die Fähigkeit, mit Krisen umzugehen, ist sehr unterschiedlich ausgeprägt. […] Konzepte und Modelle sind gefragt, die es den Beschäftigten ermöglichen, Fähigkeiten zu erlernen mit Krisen umzugehen, und sogar gestärkt aus ihnen hervorzugehen« (Leypold, 2009, S. 21).

Damit ist indirekt ausgesagt, dass zur Definition individueller Resilienz und deren Entwicklungsmöglichkeiten auch soziale und gesellschaftliche Risikofaktoren gehören, die zum Beispiel im Sinne systemischer Organisationsentwicklung zu beeinflussen sind.

Für das Konzept des Schreibwirkmodells sind dies Indikatoren und bewertbare Aspekte, die im Rückbezug auf den Schreibprozess und der Auswertung des Modellprojektes zu belegten Ergebnissen führten (Haußmann, 2013).

Aus der Substanz der theoretischen und nachgewiesenen Wirkkraft des kreativen Schreibens haben mich, im Kontext von Organisationsentwicklung, so wie es die Abbildung 4 (S. 78) darstellt, folgende Grundannahmen durch den Prozess des Schreibprojekts geleitet:

- Kreatives Schreiben ist eine Interventionsmethode in der systemischen Personalentwicklung.
- Kreatives Schreiben ist eine Methode zur Unterstützung von prozessualer Interaktion im systemischen Entwicklungskontext.
- Kreatives Schreiben entwickelt personale Resilienz und wirkt damit gleichermaßen auf die Widerstandskraft der Institution.

Rahmen

Ein Hamburger Wohlfahrtsverband stellte großzügige Räume für fünf Veranstaltungen zur Verfügung, die eine respektvolle Atmosphäre und einen vertrauensvollen Umgang miteinander förderten. Das Modellprojekt umfasste einen Schreibworkshop, der im Rhythmus von circa 14 Tagen stattfand. Jedes Treffen dauerte drei Stunden, jeweils am späten Nachmittag im Anschluss an die Arbeitszeiten der Teilnehmerinnen. Eingeladen waren leitende Mitarbeiter aus den Praxisfeldern der Kinder- und Jugendarbeit, die sich inhaltlich und emotional von der Ausschreibung angesprochen fühlten. Die Anmeldung fungiert als Kontrakt. Es fand sich eine relativ homogene Gruppe von acht Teilnehmerinnen mit ähnlichem Bildungs- und Berufshintergrund.

Rollenklärung und Beratungsverständnis

»Alle Teilnehmer der Schreibgruppe sind verantwortlich für das Gelingen« (von Werder, 2007, S. 494). Von diesem Grundsatz leite ich ab, dass auch die Gruppenleitung mitschreibt. Auf der Basis unserer Vereinbarungen und im Sinne systemischer Prozessoffenheit bin ich damit aktiver Teil der Gruppe ist. Mit dieser Haltung biete ich mich als Modell an und lasse mich selbst durch die Kraft der Impulse und von der Energie aus den Übungen und der Gruppe überraschen. Dieses Leitungsverständnis erfordert eine eindeutige

Definition. Als Teil der Gruppe bin ich damit auch noch Beraterin für die Umsetzung der Schreibaufgaben, Expertin für den theoretischen Input und Entwicklerin für das Konzept und die prozessuale Anpassung des konzeptionellen Rahmens. Aus dieser Rollenkomplexität orientiere ich mich an folgenden Grundsätzen meines persönlichen Beratungsverständnisses: Für das, was ich tue, brauche ich Interesse, Neugier und Leidenschaft, das sind die Schmiermittel, um den Zug am Laufen zu halten. Gespeist wird dies aus der Aneignung von Wissen und der Arbeitsenergie aus der Interaktion mit den Menschen, mit denen ich arbeite. Ich stehe immer mit einem Fuß auf der Bremse, falls sich der Zug in eine falsche Richtung bewegt, die ich ethisch/moralisch nicht mitgehen kann, und bevor ich auf den Zug aufspringe, vergewissere ich mich mit allen anderen, dass wir dasselbe Ziel haben. Vorsichtshalber überprüfe ich das Ziel (gemeinsam mit allen) auf den Zwischenstationen, denn vielleicht muss eine Weiche gestellt werden, und wenn Hindernisse auf dem Gleis liegen, werden sie nicht umfahren, sondern weggeräumt. Ich gebe dem Geschehen Raum und behalte, im vereinbarten Rahmen, trotzdem das Ziel im Auge.

Methodisches Vorgehen

Wie ein roter Faden zieht sich ein verlässlicher Ablauf durch die einzelnen Termine. Er verstärkt sich durch theoretische Hintergrundinformationen zu den Schreibstationen und wird zu einem festen Band durch die eigene Schreiberfahrung und dem Feedbackgeben und -bekommen. Die Planung wird vorab besprochen und als Arbeitspapier herausgegeben. Am Ende verfügen die Teilnehmerinnen über einen Arbeitsordner, der ihnen hilft, über das Projekt hinaus mit den gewonnenen Erkenntnissen und Erfahrungen weiterzuarbeiten.

In der Auswahl der Übungen wird ein Querschnitt von Methoden angeboten, die auf die aktuellen Bedürfnisse der Teilnehmerinnen abgestimmt sind und sich so zusammenfassen lassen:

- Kreatives Schreiben zur Selbstwahrnehmung *(Interaktion):*
  - Selbstanalyse,
  - neue Seiten an sich selbst entdecken,
  - sich erleben und spiegeln im Resonanzraum der Gruppe.
- Kreatives Schreiben zur Selbstreflexion *(Kreativität):*

- kreativ spielen mit Prosa und Lyrik,
- schreibend neue Wege gehen,
- Mut, Selbstbewusstsein und Lebensfreude erfahren.

– Kreatives Schreiben als Kraftquelle *(Ressource):*
  - Selbstachtsamkeit trainieren,
  - eigene Ressourcen entdecken und aktivieren,
  - Entlastung und Verarbeitung von Alltagsproblemen,
  - stärkende Bilder entwerfen.

In ressourcenorientierten Ansätzen beruht Selbstwirksamkeit auf subjektiver Beurteilung von Erinnerungen und Erfahrungen, die sich in Handlung umsetzt. Dieser Wahrnehmungsprozess lässt sich durch kreatives Schreiben erforschen – in Form einer Selbstanalyse, die aus systemischer Sicht gleichzeitig eine Problemanalyse und darüber hinaus eine Systemanalyse ist. Die Subjektivität ist auch zentrales Kriterium für das systemische Schreibwirkmodell im Einsatz für nachhaltige Veränderungsprozesse in der Personalentwicklung. Im kreativ-biografischen Prozess ist Selbstachtsamkeit eine Schlüsselkompetenz, deren Entwicklung, wie in Tabelle 3 dargestellt, auf den drei Wegen *Inspiration – Inkubation – Illumination* zu einer Aufdeckung von Ressourcen, verdeckten Potenzialen und entwicklungsfähigen Energien führt. Diese stellen wiederum aktivierende Faktoren zur Bewältigung von krisenhaften Situationen dar. So begünstigt Selbstachtsamkeit kreative Prozesse, die ihrerseits wieder die Selbstachtsamkeit unterstützen.

Im Prozess des kreativen Scheibens zur Entwicklung von Fähigkeiten, die dazu führen können, das eigene Leben besser zu meistern, sich auch in Krisen zu behaupten oder vielleicht daran zu wachsen, wird nicht die Erwartungshaltung unterstützt, dass die Menschen individuell immer leistungsfähiger und, auf ein Problem hin fokussiert, stressresistenter werden. Resiliente Menschen wachsen im Inneren und agieren nach außen durch Zuwachs von Persönlichkeitsmerkmalen wie positive Selbsteinschätzung, Eigenverantwortung, Gesundheitsbewusstsein, Empathie und soziale Kompetenz. Diese Ressourcen bringen die Akteure in die Institution ein. Das ganze System stabilisiert sich und wird korrespondierend dazu entwicklungsfähiger, initiativer, belastbarer, gesünder und wertiger.

Demnach ist kreatives Schreiben zur Entwicklung von Resilienz nicht Mittel zum Zweck, es ist der immerwährende Prozess einer ergebnisunabhängigen Entwicklung an sich, die den Wert schafft (Tabelle 3).

Tabelle 3: Auf drei Wegen zur inneren Stärke

kreatives Schreiben zur Analyse der Selbstwirksamkeit *Inspiration*	**kreatives Schreiben zum Training der Selbstachtsamkeit** *Inkubation*	**kreatives Schreiben als Kraftquelle** *Illumination*
- Selbstanalyse - Problemanalyse - Systemanalyse	- assoziierte Erinnerungen - Nähe und Distanz zu Gefühlen und Empfindungen - Entwicklung und Verdichtung von Erfahrungen und Erkenntnissen	- eigene Ressourcen entdecken und aktivieren - erkennen, nutzen, fokussieren, vertiefen - Ressourcen entwickeln

- *Phase 1 – Inspiration:* Mit diesem Schritt wird das »Bild der Situation« beschrieben. Die Vielzahl der identifizierten Aspekte zu den Kernthemen Belastung, Auswirkung und Bewältigung bildet die Grundlage für die nächsten Schritte.
- *Phase 2 – Inkubation:* Die Schreibimpulse und Methoden sind reduziert auf die vier Grundgefühle menschlicher Emotionen: Vergnügungen, Schmerz, Wut und Angst. Sie trainieren die Wahrnehmung von Emotionen und Konflikten und führen sie in die Selbstregulation (Wagner, 2008).
- *Phase 3 – Illumination:* Schreibimpulse zur prozessualen Interaktion überwinden resignative Perspektiven. Kreatives Schreiben eröffnet die Möglichkeit zur Entwicklung von Resilienz.

Ein wesentliches Element zur Entwicklung von kreativem Schreiben ist die Prozessoffenheit. Die Teilnehmerinnen selbst steuern den Prozess durch ihre Schreibergebnisse, die immer wieder zum Impuls oder zur literarischen Vorlage für weitere Schreibübungen werden.

In allen drei Phasen überschneiden sich die eingesetzten Techniken, Methoden und Impulse, während jeder Workshop ein selbstevaluierendes Element enthält, das gleichermaßen wie ein Training der Selbstachtsamkeit funktioniert.

Grundstruktur

Das bekannte Zitat von Max Frisch aus einem seiner zahlreichen Tagebücher: »Schreiben heißt, sich selber lesen«, impliziert nicht nur eine poetische Bestandsaufnahme, sondern zugleich auch den schreibenden Veränderungsprozess. Es gibt also keine Geschichte, die nicht auf Erfahrung beruht, und jede neue Erzählung birgt Erkenntnis. Spielerisch gehen wir auf eine Entdeckungsreise, die jeden überrascht und gute Laune macht. Vorkenntnisse sind nicht erforderlich, denn der Schreibprozess steht im Vordergrund, nicht das Produkt. Mit kreativem Schreiben wird nicht alles besser, aber es wird anders.

Das Projekt »Kreatives Schreiben zur Bewältigung von Belastungen im Arbeitsprozess« besteht aus fünf Schritten und wird hier in Ausschnitten dargestellt, die den Schwerpunkt der kreativen Innovation dokumentieren. Anhand der Tabellen 4 bis 8, die jedem Workshop vorangestellt werden, ist durch die Markierung zu verfolgen, welche Schwerpunkte die genutzten Schreibübungen, Methoden und Impulse ansprechen sollen. So ist der Verlauf des Prozesses zu verfolgen, der mit ausgewählten Texten oder Textteilen der Teilnehmerinnen begleitet wird. Die Namen der Autorinnen sind anonymisiert.

Jeder Schreibworkshop hat einen wiederkehrenden Ablauf:

- Einführung in das Schwerpunktthema und Fokus auf die unterstützenden Methoden,
- Einstimmung auf das gemeinsame Schreiben,
- Schreiben zum Thema mit unterschiedlichen Stilmitteln von Lyrik und Prosa,
- Überarbeitung des Themas mit ausgewählten Methoden des kreativen Schreibens und Techniken des Feedbacks,
- Schreibübung zum Ausklang,
- Literaturempfehlungen und Anregungen zur weiteren Arbeit.

Durchführung

Schreibworkshop 1 – Kick-off zur Bestandsaufnahme

Tabelle 4: Schreibworkshop 1

kreatives Schreiben zur Selbstwahrnehmung ***Interaktion***	**kreatives Schreiben zur Selbstreflexion** ***Kreativität***	**kreatives Schreiben als Kraftquelle** ***Ressource***
Selbstanalyse neue Seiten an sich selbst entdecken sich erleben und im Resonanzraum der Gruppe spiegeln	*kreativ spielen mit Prosa und Lyrik* *schreibend neue Wege gehen* Mut, Selbstbewusstsein und Lebensfreude erfahren	*Selbstachtsamkeit trainieren* eigene Ressourcen entdecken und aktivieren Entlastung und Verarbeitung von Alltagsproblemen stärkende Bilder entwerfen

Der erste Schreibworkshop gibt dem Projekt einen eindeutigen Rahmen, denn schreibend wird das Bild der Situation entworfen. Jede Teilnehmerin und die Gruppe insgesamt bekommen ein Gesicht. Methoden und Stilmittel von Prosa und Lyrik sind das Werkzeug dafür.[3] So entsteht mit dem Impuls »Heute Morgen« ein kurzes Gedicht aus elf Worten in fünf Zeilen, ein Elfchen.

> *Möglichkeiten*
> *über Möglichkeiten*
> *ein wahres Möglichkeitsmeer*
> *jetzt heißt es aber*
> *eintauchen.* (Gise)

Die Abfrage zur Erwartung der Teilnehmerinnen zeigt, dass sie sich mit dem Thema des Modells identifizieren. Die Bewältigung von Belastungen im Arbeitsprozess hat einen hohen Stellenwert und dazu kommt auch noch der Aspekt der Klärung der eigenen Situation

3 Erläuterungen zu den Methoden und Übungen sowie kommentierte Literaturempfehlungen finden sich in Teil 3.

durch neue Ideen und Visionen aus dem Prozess des Schreibens. Ebenso spielerisch entwickelt sich die Bestandsaufnahme zu den Kernbegriffen der Selbstanalyse.

■ **Schreibaufgabe:** Mit diesem Schritt erarbeiten wir Material für Themenfelder, die uns durch den gesamten Schreibprozess führen. Gleichzeitig formulieren wir persönliche Leitthemen. Zur Selbstanalyse werden die Kernworte »Belastung« (gemeint sind meine Belastungen im beruflichen Alltag), »Auswirkung« (Welche Auswirkungen haben sie für mich?) und »Bewältigung« (Welche Strategien stehen mir zur Entlastung zur Verfügung?) zum Impuls für ein Dreier-Cluster.
Methode: Clustering (Rico, 1984)
Feedback: Die Flipcharts werden ausgelegt und gemeinsam angeschaut. Es darf nachgefragt werden.
Zeit: 15 Minuten für das Dreier-Cluster und 15 Minuten für die gemeinsame Bearbeitung.

Zur Überarbeitung der Aspekte zum Kernwort Belastung folgt eine Schreibaufgabe, die einen Perspektivwechsel zur Vertiefung dieser Analyse zur Belastung im Arbeitszusammenhang anbietet.

■ **Schreibaufgabe:** Ein Wort (Thema, Problem, Aussage) aus dem eigenen Cluster zum Kernwort *Belastung* wählen, auf eine Karte schreiben (alle Teilnehmerinnen) und umgedreht in der Tischmitte verteilen. Aus diesem Pool eine verdeckte Karte wählen und dazu fünf Minuten schriftlich assoziieren, um zum fremden Begriff aus einem persönlichen Blickwinkel zuschreiben.
Methode: Assoziatives Schreiben/Freewriting (Breton). Schnelles, unüberlegtes Losschreiben zu einem Thema oder Stichwort. Kleiner Text, Zeilen, Gedankenfetzen. Eine Schreibtechnik zur Beschleunigung der Schreibgeschwindigkeit. Der innere Zensor wird überlistet. Im Schreiben können tieferliegende Erinnerungen und Erfahrungen hervorgeholt werden.
Feedback: Vorlesen in der Runde
Zeit: 10 Minuten

Auch die Überarbeitung ist ein Schritt zur Auseinandersetzung mit der Selbstanalyse und zur Selbstreflexion. Ich schreibe zu einem fremden Problem meinen eigenen Text und höre einen fremden Text zu meiner Aussage. Der fremde Impuls ist »Treten auf der Stelle«:

Treten auf der Stelle,
wenn der Tag voll ist mit Terminen und er kein Ende nimmt
wenn immer alle zu spät kommen und dann keine Zeit für die Inhalte bleiben
wenn die Administration kostbare Zeit raubt und die Kinder vor der Tür stehen
wenn der Kollege dauernd krank ist und ich seine Arbeit mitmachen muss
wenn ich eine Fortbildung nach der anderen mache und doch kein Aufstieg in Sicht ist
wenn die Kollegin die Information nicht weitergibt und alles doppelt gemacht wird
wenn die Woche zu Ende ist und ich das Gefühl habe nichts geschafft zu haben.
Ich trete auf der Stelle. (Hanna)

Kommentar: Mit den Techniken und Methoden des kreativen Schreibens lässt sich in kurzer Zeit eine qualitativ aussagefähige Bestandsaufnahme bezüglich der Belastungen im Arbeitsalltag erreichen. Die Teilnehmerinnen der Schreibwerkstatt bekräftigen dies mit ihren spontanen Aussagen, die direkt an ihre aktuellen Arbeitserfahrungen gekoppelt sind. In der Auswertung der Bestandsaufnahme haben die Differenzierungen dieser Argumente einen Schwerpunkt in den strukturellen und organisatorischen Bedingungen und in den konzeptionellen Anforderungen der Institutionen und Träger: zu wenig Personal, zu viele Baustellen, unklare Konzepte und Ziele. Dies wirkt sich auf Probleme in der Zusammenarbeit im Team aus: ungleiche Arbeitsbelastung, Misstrauen untereinander, schlechte Organisation der Arbeit. Entsprechend der genannten Untersuchungen zu den Arbeitsbedingungen und Anforderungen in Kitas und Einrichtungen der Jugendhilfe (Boni-Tamm, 2006) spielen dabei auch wachsend erlebte Anforderungen eine Rolle. So entsteht die allgemeine Erwartung an eine hohe Flexibilität, die dauernde Anpassungsleistungen erfordert. Die Teilnehmerinnen am Schreibprozess beschreiben psychische und physische Belastungsfolgen, die sie bis ins Privatleben hinein gesundheitlich belasten, sie fachlich einschränken und demotivieren (Haußmann, 2013).

Schreibworkshop 2 – Schreiben in der Gruppe

Tabelle 5: Schreibworkshop 2

kreatives Schreiben zur Selbstwahrnehmung ***Interaktion***	**kreatives Schreiben zur Selbstreflexion** ***Kreativität***	**kreatives Schreiben als Kraftquelle** ***Ressource***
Selbstanalyse *neue Seiten an sich selbst entdecken* *sich erleben und im Resonanzraum der Gruppe spiegeln*	*kreativ spielen mit Prosa und Lyrik* schreibend neue Wege gehen *Mut, Selbstbewusstsein und Lebensfreude erfahren*	*Selbstachtsamkeit trainieren* eigene Ressourcen entdecken und aktivieren Entlastung und Verarbeitung von Alltagsproblemen *stärkende Bilder entwerfen*

In diesem Schreibworkshop steht das Schreiben in der Gruppe im Zentrum. Er nutzt verschiedene Methoden der Textreflexion und verbindet diese mit den Impulsen der Bestandsaufnahme des ersten Treffens.

Lutz von Werder (2007) schreibt, dass die Gruppe von den meisten Teilnehmern als Schon- und Kreativraum empfunden wird. Gemeinsam ohne Leistungsdruck und Konkurrenz zu Ergebnissen kommen, das soll die Maxime auch für diesen Workshop sein. Es soll sich erfahren lassen, dass die Wirksamkeit des kreativen und biografischen Schreibens durch die Gruppe verstärkt wird. Dabei wird berücksichtigt, dass die Gruppe Öffentlichkeit schafft, denn sie ist Hörerin, Reflektorin, Lektorin und Kritikerin. Die Gruppe baut Brücken, sie ist Ideengeberin, Impulsgeberin, Lehrende und Wegweiserin. Die Gruppe schafft Resonanz, sie ist Motivatorin, Trösterin, Mutgeberin und Entwicklerin. Jürgen vom Scheidt (1995, 2012) beruft sich auf die Qualität der Geselligkeit beim Schreiben. Er beschreibt, wie wichtig eine möglichst früh erhaltene authentische Rückmeldung ist. Die Hörer teilen dabei ihre persönlichen Bilder und Assoziationen mit und die Gefühle und Reaktionen, die der Text bei ihnen ausgelöst hat.

Aus der Bestandsaufnahme zu den Kernbegriffen »Belastung« und »Auswirkungen «hat sich im Prozess der gemeinsamen Überarbeitung ein aktuelles Thema ergeben: »Arbeiten zwischen Anspruch,

Pflicht und verschwendeten Talenten«. Aus diesem Impuls lassen sich Methoden und Übungen ableiten, die ihren theoretischen Bezug in den Handlungsfeldern des kreativen und therapeutischen Schreibens haben. Schreiben im Spannungsfeld des Alltags ist auch Schreiben zur Identitäts- und Persönlichkeitsentwicklung und Schreiben im Rahmen von Gesundheitsprävention. Die ausgewählten Schreibübungen sind von mir erprobt, ausgewertet und, auf das spezielle Thema bezogen, leicht abgewandelt.

■ **Schreibaufgabe Teil 1:** Frauen sind stark und belastbar. Sie sind gut ausgebildet, machen Karriere und engagieren sich in Familie und Gesellschaft. Wenn nur die ständigen Selbstzweifel nicht wären. Bin ich gut genug für den Job? Werde ich meinen Kindern gerecht? Sollte ich mich nicht mehr um meine Familie, meine alten Eltern kümmern? Frauen fühlen sich immer für alles verantwortlich und haben ein schlechtes Gewissen, wenn sie sich abgrenzen, wenn sie »Nein« sagen, weil sie Zeit für sich selbst beanspruchen (alles Aspekte aus der Bestandsaufnahme). Unter diesem Eindruck führt der Impuls »Können Ameisen faulenzen?«, zusammen mit einer assoziativen Schreibtechnik, in kurzer Zeit zu literarischen Miniaturen oder Gedankenfetzen, der die Eindrücke und Gefühle vertieft.
Methode: Freewriting (15 Minuten)
Feedback: Vorlesen in der Runde

■ **Schreibaufgabe Teil 2:** In Zweier- oder Dreiergruppen werden die Texte analysiert und ausgewertet unter dem Aspekt: Was können wir von »unseren« Ameisen lernen?
Feedback: Das Ergebnis der Arbeitsgruppe wird im Plenum vorgestellt.
Zeit: 60 Minuten insgesamt

> *Können Ameisen faulenzen?*
> *Nein, auf keinen Fall. Ameisen sind emsig, Ihr Leben ist Arbeit. Der Sinn ihres Lebens ist Arbeit. Wenn du sie fragen würdest, was sie am liebsten tun, dann würden sie sagen: »arbeiten«, und wenn du sie fragst, was sie in ihrer Freizeit machen, dann wäre ihre Antwort: »arbeiten«.* (Celia)

Das Echo der Gruppe ist das Feedback: Feedback geben und bekommen erfüllt eine wichtige Funktion als Werkzeug zur Selbsterforschung und Selbstreflexion. Es gibt unterschiedliche Formen des Feedbacks. Für die Arbeit in diesem Schreibprojekt geht es in der Regel um den Dialog mit den anderen in einem dynamischen Prozess. Ein besonderer Vorteil des geselligen Schreibens ist, dass auf den eigenen Text eine direkte Reaktion folgt. Schon beim Vorlesen wird die Wahrnehmung mit neuen Assoziationen gefüttert und erst recht durch das Feedback der anderen Schreiberinnen. Die fremde Perspektive zu meinem Text hilft mir bei der Überarbeitung. Diese Interaktion verhilft zur Annäherung oder zur Distanzierung. Jeder Perspektivenwechsel ist wieder ein neuer Impuls. Die Basis ist Respekt, Wertschätzung und Verantwortung für mich selbst und für die Gruppe. Gemeinsam ist fast allen Feedbackmethoden, dass nicht bewertet, nicht aufgrund eigener Vorlieben verbessert und nicht textimmanent kritisiert wird. Für die Schreibaufgaben in diesem Modell eignen sich die Regeln von Peter Elbow und Pat Belanoff (1989), die in Teil 3 erläutert werden (S. 141 ff.).

■ **Schreibaufgabe:** Vertiefung und Überarbeitung des Kernbegriffs Belastung unter dem Aspekt: »Immer kommt etwas dazwischen. Wir bleiben an der Oberfläche. Immer schnell, immer sofort, immer nebenbei« (aus der Bestandsaufnahme). Dies ist eine weitere Schreibaufgabe im Resonanzraum der Gruppe zur Be- und Verarbeitung eigener Belastungsaspekte in einem Text, der sich aus einer Vielzahl von Anregungen speist.
Methode: 30-Wort-Assoziationskette. In drei Schritten à zehn Worte wird ein breites persönliches Assoziationsfeld aufgebaut (10 Minuten). Der Impuls (für die erste Zehner-Wortreihe) »Allein im Hamsterrad« (aus der Bestandsaufnahme) führt die Kette an. Ein selbstgewählter »Link« wird zum ersten Wort der nächsten Reihe. Die Kette führt zu direkten oder verborgenen Themen (20 Minuten schreiben).
Feedback: Segeberger Kreis: Schritt für Schritt werden neue Methoden zum Feedbackgeben und Feedbackbekommen eingeführt.
Zeit: 30 Minuten

Der Ausweg

Wie entkam die kleine Hamsterfrau dem Rad?

Sie war viel zu schnell, rastlos, atemlos und blind fast bis zur Erschöpfung diese eintönige Einbahnstraße entlanggehetzt.

Sie fühlte sich krank, geisteskrank, und stellte fest – mit Erschrecken –, wie einsam sie ist.

Wie durch eine plötzliche Erleuchtung gestand sie sich ihre Sehnsucht nach echter Nähe ein.

Traurig wurde sie langsamer, immer langsamer, bis zum Stillstand und fand schließlich den Weg heraus.

Sie öffnete sich für ihre Umgebung. (Elke)

Kommentar: Die Bestandsaufnahme zu Beginn weist in der Gesamtheit der Gruppe auf eine umfangreiche Palette von Strategien zur Stabilisierung psychischer und physischer Belastungen hin, die durchaus geeignet wären, sie präventiv zur Erhaltung der Widerstandsfähigkeit einzusetzen. Daraus lässt sich zunächst schließen, dass Verhaltensmuster angelegt sind, die sich, wie von Bandura (1997) beschrieben, zur erfolgreichen Bewältigung von Krisen eignen.

Mit einem Fragebogen zum Stand der Belastung und Selbstachtsamkeit zu Beginn jedes Schreibtreffens konzentrieren sich die Teilnehmerinnen auf sich selbst: Wie geht es mir? Wo stehe ich? Wie erlebe ich mich in diesem Moment? Diese Momentaufnahme ist nicht nur ein Training zur Selbstwahrnehmung, sondern zeigt auch das Verhältnis von der aktuell empfundenen Belastung im beruflichen Alltag, aus dem die Teilnehmerinnen gerade kommen, zum allgemeinen Status der körperlichen, emotionalen und kognitiven Ressourcen, um diesen Belastungen zu begegnen.

Es konnte beobachtet werden, dass die subjektive Bewertung von Belastung im Laufe des Schreibtreffens abnimmt, während die Selbstachtsamkeit nach dem Schreiben höher ist als vor dem Schreiben. Dies lässt sich für die Gruppe ebenso darstellen wie im Einzelverlauf. Das Verhältnis zwischen Belastung und Selbstachtsamkeit bleibt in der Regel gleich, aber je deutlicher die Belastung empfunden wird, umso geringer wird die Selbstachtsamkeit eingeschätzt, oder umgekehrt. Die Empfindung von geringer Belastung korrespondiert mit einem hohen Wert von Selbstachtsamkeit (Haußmann, 2013).

Die Selbstbesinnung durch den Fragebogen ist ein Training zur Selbstwahrnehmung. Diese Rückbesinnung öffnet und belebt die Sinne, um anzukommen und sich auf die Schreibübungen einzulassen. »Achtsamkeit ist die Fähigkeit, bewusst und ohne Wertung im gegenwärtigen Augenblick, im Hier und Jetzt, zu sein und zu erkennen, dass das Leben eine Folge von Augenblicken ist, in jedem Augenblick stattfindet und so anzunehmen ist, wie es ist, weil es ist« (Heimes, 2009, S. 68). Damit bekommt die Selbstachtsamkeit einen hohen Stellenwert zur Entwicklung innerer Stärke.

Schreibworkshop 3 – Das kreative Ich

Tabelle 6: Schreibworkshop 3

kreatives Schreiben zur Selbstwahrnehmung ***Interaktion***	**kreatives Schreiben zur Selbstreflexion** ***Kreativität***	**kreatives Schreiben als Kraftquelle** ***Ressource***
Selbstanalyse neue Seiten an sich selbst entdecken *sich erleben und im Resonanzraum der Gruppe spiegeln*	*kreativ spielen mit Prosa und Lyrik* schreibend neue Wege gehen *Mut, Selbstbewusstsein und Lebensfreude erfahren*	*Selbstachtsamkeit trainieren* *eigene Ressourcen entdecken und aktivieren* Entlastung und Verarbeitung von Alltagsproblemen *stärkende Bilder entwerfen*

Dieser Schreibworkshop nutzt Methoden und Impulse, die Fantasien und Gedanken in Lyrik und Prosa verwandeln. Das Spiel zwischen Selbsterfahrung und Selbsterfindung speist sich aus dem Cluster zur Bestandsaufnahme zum Kernwort *Auswirkungen.* Zusammengefasst ergibt sich folgendes Bild: müde, lustlos, unzufrieden – auf der Strecke bleiben Motivation und Kreativität. Es wird mit Schreibimpulsen gegen die eigene Vernachlässigung experimentiert. Das Ziel ist, sich selbst zu stärken und dabei eigene Ressourcen zu entdecken und in den Fokus zu nehmen, um individuelle Strategien zu erkennen und solche zu bekräftigen, die als Kraftquelle genutzt werden können.

Schreibaufgabe: Die Ziele verschwinden, Fehler schleichen sich ein und Verzweiflung macht sich breit: »Diesmal schaffe ich es wirklich nicht« (aus der Bestandsaufnahme). Jede Teilnehmerin denkt sich eine Situation aus dem Arbeitsleben aus. Es geht darum herauszufinden, was mich so blockiert, dass ich aufgebe und resigniere. Es wird ein Kontakt von Schreib-Ich zum eigenen Zensor hergestellt, damit dieser »im besten Fall von einem Feind zu einem kritischen Begleiter wird« (von Werder, 1995, S. 39).
Schritt 1: Einzelarbeit – mit dem Impuls »Dieses Mal schaffe ich es wirklich nicht« (aus dem Cluster zur Bestandsaufnahme) gehst du mit deinem Zensor in den Dialog. Frag ihn zum Beispiel, wie er es schafft, dich kleinzumachen und dir den Mut zu nehmen. Denke dabei auch an die gewohnten Stolpersteine, wie zum Beispiel eigener Perfektionismus und Druck von anderen. Was macht ihn so stark? Gibt es vielleicht versteckte Botschaften? Unterteile ein großes Blatt in drei Spalten und schreibe den Dialog in die erste Spalte.
Schritt 2: Gruppenarbeit –zu zweit werden die Ergebnisse (soweit du sie preisgeben möchtest) besprochen. Die Partnerin versucht herauszufinden, ob der Zensor eventuell auch eine konstruktive Botschaft hat, und du schreibst die Entdeckungen in die zweite Spalte.

Sobald diese Übung beendet ist, werden die eigenen Hauptantreiber schnell entdeckt, zum Beispiel: »sei stark und perfekt«, »mach es allen recht«, »mach alles auf einmal und mach es schnell«. Und wenn im ersten Schritt die konstruktiven Anteile nicht präsent sind, dann ist es vielleicht die Erlauberin, die den Weg weist.
Schritt 3: Einzelarbeit – jetzt kommt die »Erlauberin« ins Spiel. Höre auf die positiven Botschaften. Lass dich inspirieren. Achte darauf, wie sie zu dir spricht. Schreibe in die dritte Spalte, was dir wichtig erscheint.
Feedback: Reflexion über die Erfahrungen in der Gruppe
Zeit: 90 Minuten

In diesem Textbeispiel antwortet die Erlauberin mit einem Elfchen:

Vertraue
auf deine
Stärken und lasse
die Situation auf dich
zukommen. (Beate)

■ **Schreibaufgabe:** Zur Unterstützung der heilsamen Erfahrungen aus der vorangegangenen Schreibaufgabe wird die Rückbesinnung auf die eigenen Stärken angeregt. In einem 10-Minuten-Text »aus dem Bauch heraus« werden stärkende Bilder entworfen. Der leitende Impuls dazu ist: »Meine Tankstelle«.
Methode: Freewriting
Feedback: Vorlesen im Plenum mit persönlichem Feedbackwunsch

Wie ein Spinnennetz
verbinden sich Orte und Menschen,
Veränderung bringt Ordnung ins Leben,
erzwungen durch die Krise.
Das Licht am Ende des Tunnels
zündet den Motor,
die Sucht nach innerer Zufriedenheit
ist der Treibstoff,
das Schmieröl die Liebe.
Es ist alles in mir. (Hanna)

Kommentar: Die konzeptionelle Offenheit des Schreibworkshops erfordert eine hohe Aufmerksamkeit für die Entwicklung und Kommunikation innerhalb der Gruppe. Wenn sich zum Beispiel in den Texten neue subjektive Beschreibungen zu den Lebens- und Arbeitsbedingungen erkennen lassen, hat dies Auswirkung auf die Analyse der Kernkriterien. Solche Entdeckungen werden zu Impulsen für weitere Schreibübungen.

Schreibworkshop 4 – Spielformen des kreativen Schreibens

Tabelle 7: Schreibworkshop 4

kreatives Schreiben zur Selbstwahrnehmung ***Interaktion***	**kreatives Schreiben zur Selbstreflexion** ***Kreativität***	**kreatives Schreiben als Kraftquelle** ***Ressource***
Selbstanalyse neue Seiten an sich selbst entdecken sich erleben und im Resonanzraum der Gruppe spiegeln	*kreativ spielen mit Prosa und Lyrik* *schreibend neue Wege gehen* *Mut, Selbstbewusstsein und Lebensfreude erfahren*	*Selbstachtsamkeit trainieren* *eigene Ressourcen entdecken und aktivieren* Entlastung und Verarbeitung von Alltagsproblemen *stärkende Bilder entwerfen*

Das kreative Schreiben bietet eine breite Palette von Techniken und Methoden an, die sich unter anderem zur Entwicklung von Identität und Persönlichkeit und zur Entlastung im Sinne einer Gesundheitsprävention einsetzen lassen. Um den eigenen Weg oder den eigenen Schreibstil zu entwickeln, werden unterschiedliche Schreibaufgaben angeboten und ausprobiert.

Spielformen des kreativen Schreibens kennenzulernen und eine eigene literale Ausdrucksmöglichkeit in der Textproduktion und Textrezeption zu entdecken und weiterzuentwickeln, das ist das Ziel dieses Schreibworkshops. Die Schreibaufgaben bewegen sich im Spektrum von Lyrik und Prosa. Sie werden allein, zu zweit und in der ganzen Gruppe bearbeitet. Dabei reflektieren die Teilnehmerinnen das Schreiben in der Gruppe versus dem Schreiben allein mit einer Aufgabe, die später zu Hause zu bearbeiten ist.

■ **Schreibaufgabe:** Eine Übung zu zweit: Lieblingsgedichte werden als literarische Vorlage für einen Prosatext genommen, der von der Partnerin dann wieder lyrisch verdichtet wird (»Lyrik–Prosa–Lyrik«).
Methode: Schreiben nach literarischer Vorlage
Feedback: Bearbeitung des Prosatextes der Partnerin zu einem Gedicht

Schritt 1: Ausgangspunkt des folgenden Textbeispiels ist ein Gedicht von Erich Fried.

Versuch sich anzupassen
Ich soll mich drein fügen
und nicht fragen
warum ich das soll
und ich soll nicht fragen
warum ich nicht fragen soll. (Erich Fried)

Schritt 2: Daraus entstand als Prosatext.

Versuch sich anzupassen
Ich war arbeitslos. Nein, nicht wirklich arbeitslos, ich war arbeitssuchend. Das heißt, ich würde wohl bald arbeitslos werden, wenn ich jetzt nicht schon mal zu suchen begönne. Ich war immer ein sehr zuverlässiger, loyaler und gewissenhafter Arbeitnehmer gewesen. Ich konnte nichts dafür, dass ich jetzt wohl bald arbeitslos sein würde. Wir wurden aufgekauft: Wir? Ich? Nachdem der Konzern die kleine Firma geschluckt hatte, merkte er, dass er mich nicht hatte kaufen wollen – zuverlässig, loyal und gewissenhaft –, und daher war ich nun arbeitssuchend, bald arbeitslos: Mitte vierzig, zweifelnd, sicherheitsbedürftig, ortsgebunden und mit festen Grundsätzen. Ich begann zu suchen, mich zu informieren, zu formulieren und wurde: erfahren, selbstsicher, ungebunden und flexibel in jeder Hinsicht. Man ist, was gesucht wird. Aber wer bin ich? (Celia)

Schritt 3: Dieser Text wird an die Partnerin zur lyrischen Verdichtung weitergegeben:

Ich
Das Rädchen in einem großen Getriebe?
Ich drehte, drehte, drehte mich.
Und nun stellt man mich oder ich stelle mich.
Ich drehe mich.
Ich verdrehe mich zu dem,
was ich bin,
nicht bin,
sein soll,
sein könnte,

sein muss, weil es sonst entgleist.
Ich drehe mich.
Ich bewege mich.
Ich lebe.
Das ist mein buntes Leben.
Ich liebe die vielen Farben!
Ich verlier mich heute im Gelb,
und morgen vielleicht im Rosa.
Es kommt auch mal das Schwarz.
Aber ich erfinde mich jeden Tag neu.
Ich bin,
was ich sein will. (Frida)

Eine weitere Prosaform führt zu einer neuen Ausdrucksmöglichkeit mit Figuren, Orten und Handlungsvorlagen. Mit dieser Übung lassen sich offen oder verdeckt autobiografische Erlebnisse hervorholen, mit aktivem Feedback verstärken oder relativieren und mit literarischen Stilmitteln überarbeiten. Spielerisch gelingen Texte zur Entlastung oder Verarbeitung von inneren Themen, die eine entsprechende Würdigung finden. Die Botschaft ist: Sorge gut für dich selbst und erlaube dir, Erfolg zu haben.

■ **Schreibaufgabe 1 »Ein Miniroman in einer Stunde«:** Es sind drei Briefumschläge vorbereitet, die unterschiedliche Vorgaben anbieten, mit denen ein Text geschrieben wird:
- eine Hauptperson (Postkarten von unterschiedlichen Personen zum Selbstauswählen),
- ein Anfangssatz, mit dem die Geschichte beginnt (verdeckte Wahl),
- ein Satz in wörtlicher Rede, der den Verlauf der Geschichte beeinflusst (verdeckte Wahl).

Methode: Der Vorschlag ist, sich mit einer Mindmap oder einem Cluster an einen etwas längeren Text heranzuwagen, um sich einen Plot zu erarbeiten, der die Erzählung strukturiert.
Erstes Feedback: Die Geschichte einer Partnerin vorlesen, mit der Bitte um Konzentration auf das, was zwischen den Zeilen steht. Frage deine Hörerin: »Was hab ich beinahe gesagt? Was schimmert durch? Worüber würdest du gern mehr hören?«

■ **Schreibaufgabe 2:** Jetzt kommt der Briefumschlag 4 ins Spiel. Es werden neue Varianten für den Schluss der Geschichte angeboten mit der Bitte, das Ende der eigenen Geschichte umzuschreiben: vom Happy End zum Drama oder umgekehrt. Wenn das Ende in der Ursprungsgeschichte offen geblieben ist, dann auswählen, ob die Geschichte gut oder schlecht endet.
Zweites Feedback: In einer Lesung werden die Kurzgeschichten präsentiert.
Zeit: 60 Minuten

Kommentar: Eindruck braucht Ausdruck. Die Bilder und Stimmungen in mir, die mit Methoden wie Assoziation, automatischem Schreiben und Clustern zu eigenen Texten geworden sind, werden mit literarischen Stilmitteln interpretiert. Das Repertoire der Ausdrucksmöglichkeiten erweitert sich. Dieser Umgang mit inneren Bildern schafft eine achtsame Wahrnehmung, stärkt die Intuition und erweitert die Perspektive. Die kreative Produktion unterschiedlicher Textmuster bekommt durch die Entwicklung und Reflexion eine individuelle literale Ästhetik. So entwickelt sich der eigene Schreibstil als salutogenes Instrument. Diese Form der Auseinandersetzung kann besonders für Menschen in Neuorientierungs- und Umbruchphasen oder Krisen eine wertvolle Erfahrung sein.

Schreibworkshop 5: »Wenn ich schreibe …« – Vom (autobiografischen) Impuls zu neuen Ausdrucksmöglichkeiten in Prosa und Lyrik

Tabelle 8: Schreibworkshop 5

kreatives Schreiben zur Selbstwahrnehmung ***Interaktion***	**kreatives Schreiben zur Selbstreflexion** ***Kreativität***	**kreatives Schreiben als Kraftquelle** ***Ressource***
Selbstanalyse neue Seiten an sich selbst entdecken sich erleben und im Resonanzraum der Gruppe spiegeln	*kreativ spielen mit Prosa und Lyrik* *schreibend neue Wege gehen* *Mut, Selbstbewusstsein und Lebensfreude erfahren*	*Selbstachtsamkeit trainieren* *eigene Ressourcen entdecken und aktivieren* *Entlastung und Verarbeitung von Alltagsproblemen* *stärkende Bilder entwerfen*

Der fünfte Schreibworkshop hat den Schwerpunkt der individuellen Auswertung des Schreibprozesses mit einer Schreibübung, analog zur Bestandsaufnahme. Es wird ein Resümee aus den gesammelten Erfahrungen und Erlebnissen gezogen, indem der Schreibprozess reflektiert wird. Die gewonnenen Kenntnisse und die (Schreib-)Erfahrungen mit unterschiedlichen Stilmitteln führen bei den Teilnehmerinnen des Workshops dazu, dass selbst die Wartezeit, bis alle beieinander sind, zu einem Spiel wird.
Methode: Haiku zum Impuls »Warten«

Der Regen naht.
Die Sonne erwacht, glüht rot.
Ich atme Farben. (Frida)

Wo bleiben sie nur
Die Zeit verrinnt wie der Wind
Geschirr klappert flink. (Beate)

■ **Schreibübung 1:** Schreiben zur Selbstanalyse wird auch am Ende der gemeinsamen Schreibzeit eingesetzt. Es ist die Bestandsaufnahme (Selbstevaluation) zur individuellen Auswertung des Schreibprozesses, analog zum Beginn des Projektes. Dies ist ein weiterer Schritt zum Training der Selbstachtsamkeit und zur Definition der Selbstwirksamkeit. Ein Flipchartbogen wird in vier Spalten eingeteilt. Spalte 1 wird mit dem Kernwort »Belastungen«, Spalte 2 mit dem Kernwort »Auswirkungen«, Spalte 3 mit dem Kernwort »Bewältigungsstrategien« versehen. Die vierte Spalte bleibt zunächst leer.
Methode: 30-Wort-Assoziationskette
Zeit: 15 Minuten

■ **Schreibübung 2:** Reflexion des individuellen Schreibprozesses mit literarischen Stilmitteln. Auf den Impuls für die Spalte 4, »Wenn ich schreibe …«, wird eingestimmt. »Was passiert mit mir, wenn ich schreibe; wie geht es mir, wenn ich vor dem leeren Blatt sitze, und wann oder warum beginnt es vom Kopf in die Hand zu fließen? Was löst der fertige Text in mir aus und wie wichtig sind mir Rückmeldungen, oder mag ich lieber für mich allein schreiben?«

Methode: In freier Form der Assoziation fließen die Gedanken dazu auf das Papier.
Feedback: Ausstellung der Bögen im Raum (Vernissage)
Zeit: 45 Minuten

Wenn ich schreibe
Dann springe ich aus dem Gedankenkarussell
direkt auf die Berg- und Talbahn.
Im Tal lade ich Tränen ab, höre in mich hinein und entlade die Hochspannung.
Auf dem Berg lass ich mich durchpusten vom frischen Wind, genieße die Aussichten und sehe wieder neue Horizonte.
Und dann spanne ich meinen Bogen und fixiere mein neues Ziel und ich folge dem Weg meines fliegenden Pfeils. (Frida)

Mit diversen literarischen Kleinformaten (Gedichte, Akrostichon) nehmen wir Abschied von der literarischen Geselligkeit, von dem Abenteuer des gemeinsamen Schreibens in der Gruppe und vom Ort des Geschehens.

Drähte spannen sich
Holzboot legt vom Ufer ab
gleitet im Wasser (Anja)

Stil Form Blüte wir
gehen gemeinsam erfüllt
mit reicher Ernte (Elke)

Wellen tragen mich
in die innere Ruhe
So vergeht Zeit (Doris)

Am Ende bleibt das
Gefühl von Sommerregen
Erfrischend fruchtbar (Giese)
Ich war stark mit euch
Spürte Wurzeln bis zum Grund
Will es festhalten (Hanna)

Entscheide dich für
oder gegen etwas und
lass los, nimm Abschied (Beate)

***W**ände, Hürden*
***A**ngst und*
***S**ehnsüchte fühlst du heute.*

***N**iemand*
***E**rahnt*
***U**nd*
***E**rfährt von deinem*
***S**uchen.*

***K**ein Sein ist beständig.*
***O**hne Veränderung kein Leben.*
***M**orgen beginnt gleich nach dem Ende von gestern.*
***M**orgen gibt es die Chance für neues Sein.*
***T**räume gehen in Erfüllung!* (Frida)

Auf Wiedersehen –
dich will ich wiedersehen.
Ein Versprechen für die Zukunft?
Die Umarmung –
die Geste ein Versprechen.
Beim Schreiben –
das Lesen ein Versprechen.
Die Worte –
eine Umarmung. (Celia)

Kommentar: Eine zentrale Erkenntnis in der schreibenden Selbsterforschung vor und nach dem eigentlichen Schreibprozess zeigte sich bezüglich des Kernbegriffs »Bewältigungsstrategien«. Die Palette von präventiven Ressourcen zum Umgang mit Belastung bekommt in der Auswertung des Schreibprozesses eine relativierende Einschränkung zwischen Wissen und Handeln. Die Teilnehmerinnen beziehen sich auf Ressourcen, die sie zwar kennen und selbst in ihrer Wirkung bereits erfahren haben, die sie jedoch aus unterschiedlichen Gründen nicht einsetzen. Hinweise darauf gab es bereits innerhalb des Prozesses. Aus dem Dialog mit dem inneren Zensor und der inneren Erlauberin entsteht in der Überarbeitung ein Elfchen.

Textbeispiel aus dem Schreibworkshop 3:

> *Vertrauen*
> *Ins eigene*
> *Können erfährt Erlaubnis*
> *Was mir nicht gehört*
> *Loslassen* (Elke)

Erst die schreibende Selbsterfahrung mit dem Impuls »Wenn ich schreibe …« überwindet die resignative Perspektive auf die brachliegenden Bewältigungsstrategien. Assoziativ werden die Selbstachtsamkeit herausgefordert und vorhandene Ressourcen aktiviert. Die Ergebnisse dieser Schreibübung werden in Auszügen dokumentiert und belegen entwicklungsfähige Faktoren der Resilienz, so wie sie in den sieben Säulen von Rampe beschrieben werden.

1. Optimismus – bezeichnet den festen Glauben daran, dass Krisen zeitlich begrenzt und überwindbar sind.

> *Wenn ich schreibe,*
> *tauche ich und muss nicht Atem holen, denn meine Lungen sind jetzt Kiemen und ich schwebe zwischen Plankton und Strahlentierchen. Über mir zersplittern Sonnenstrahlen an der rippligen Welle und es gibt Pflanzen hier unten, nie gesehene, und es ist still.* (Anja)

2. Akzeptanz –die schwierige Situation soll als real akzeptiert werden.

> *Wenn ich schreibe,*
> *bin ich mutig. Aus mir kommen Gedanken, die wahr sind.* (Hanna)

3. Lösungsorientierung – Optimismus und Akzeptanz führen zu der Frage nach möglichen Lösungen.

Wenn ich schreibe
Gedanken kommen und ziehen; manche bleiben. Es sind neue Gedanken, Gedankenketten, Impulse, neue Gefühle. Innere Ruhe kehrt ein, neue Lösungen, neue Wege zeigen sich auf – könnten entdeckt werden. (Celia)

4. Opferrolle verlassen – dies soll durch Besinnen auf Stärken geschehen.

Wenn ich schreibe
Ein bewertungsfreier Raum. Ich darf »Nichtexpertin« sein. Ich bin überrascht, was kommt. Rückmeldung tut mir gut – blinde Flecken werden erhellt. Ich darf schreiben, ich muss nicht. (Elke)

5. Verantwortung übernehmen.

Wenn ich schreibe,
dann springe ich aus dem Gedankenkarussell. […] Alles Geschriebene markiert Meilensteine. Und ich erkenne, es liegt alles in meiner Hand. (Frida)

6. Netzwerkorientierung – durch aktives Handeln soll ein stabiles soziales Umfeld geschaffen werden.

Wenn ich schreibe,
brauche ich Zeit mich einzulassen,
brauche ich die Gruppe, sie motiviert mich und gibt mir Vertrauen,
tue ich etwas für mich, ich kann es genießen,
merke ich, was in mir steckt. Ich spüre meine Energie. (Doris)

7. Zukunftsplanung: Eine solide und umsichtige Vorbereitung auf eintretende Wechselfälle des Lebens soll vor massiven Rückschlägen schützen.

Wenn ich schreibe
[…] Auf dem Berg lass ich mich durchpusten vom frischen Wind, genieße die Aussichten und sehe wieder neue Horizonte. Und dann spanne ich meinen Bogen und fixiere mein neues Ziel und ich folge dem Weg meines fliegenden Pfeils. (Frida)

»Die magische Wirkung von Worten: Sie verändern das, was sie benennen, manchmal erzeugen sie es sogar erst.«
(Simon, zit. nach Renolder, Scala u. Rabenstein, 2007, S. 134)

Nachbetrachtung

Kreatives Schreiben ist ein Instrument zur Prozesssteuerung der Interaktion und deren Qualität. Schreibinterventionen bergen oftmals überraschende Erkenntnisse hinsichtlich der eigenen Fantasie, Ausdrucksfähigkeit und der eigenen Handlungsoptionen in sich. Auf den Zusammenhang zwischen dem schreibenden und dem therapeutischen Prozess ist vielfach hingewiesen worden. Dieser Zugang zu persönlichen Ressourcen über die Entdeckung der eigenen Kreativität, angespornt über den Dialog mit dem Unbewussten *(Inspiration),* der mit spielerischen Methoden verdichtet *(Inkubation),* hinterlässt bei vielen einen tiefen Eindruck und erzeugt Ideen und Ansätze zur Veränderung. Die Schreibenden erleben eine erhöhte Achtsamkeit sich selbst gegenüber und realisieren schon im Prozess des Schreibens die selbststärkende Entwicklung von Ressourcen *(Illumination).* Kreatives Schreiben als Instrument zur systemischen Interaktion erzeugt auf dieser Wirkungsebene einen nächsten beachtenswerten Schritt. In beiden Modellprojekten hat die Übertragung der Erkenntnisse bzw. die Überprüfung der wirksamen Veränderung bereits während des Schreibprozesses stattgefunden *(Verifikation).* Während die Teilnehmerinnen der Weiterbildung ihr mit Klienten reflektiertes Erfahrungswissen direkt in die Schreibtreffen einbrachten, konnten die Leitungskräfte in den Workshops zur Personalentwicklung ihre resilienten Entwicklungsschritte schreibend erobern und sich poetisch aneignen.

Die organisationale Wirkung dieser gewonnenen persönlichen Kompetenzen und Ressourcen können Organisationen für sich einsetzen und kreatives Schreiben zur Entwicklung und Fortbildungen ihrer Mitarbeiter systemisch nutzen. Untersuchungen (Haubl u. Voß, 2009) zeigen, dass die mit Entgrenzung und Subjektivierung von Arbeit einhergehende kräfteverschleißende Dynamisierung unsicherer Beschäftigungsverhältnisse zunimmt. Und sie belegen die Notwendigkeit, derart belastenden Entwicklungen in der Organisation nachhaltig entgegenzusteuern. Denn letztlich ist es der Leistungsdruck, der zur permanenten Erschöpfung führt. Auch der eigene, der einen treibt, um im Berufsleben authentisch, gestalterisch und verantwortungsbereit zu sein, weil die Steigerung von Produktivität und Leistung auch für Menschen im Berufsleben Ansporn für persönliche Anerkennung und Profit ist.

Unsere kühne Vision, die dieses Kapitel beschließen soll, heißt deshalb: ein Schreibinstitut in jedes System. Wir haben dabei drei tragende Säulen vor Augen.

- Eine Säule repräsentiert die präventive Funktion kreativen Schreibens in Coaching und Beratung. Sie beinhaltet Unterstützung bei der Textproduktion und bezüglich der Unternehmenskommunikation nach innen und nach außen sowie Gesundheitsvorsorge gegen Stressreaktionen und Burnout.
- Die nächste Säule steht für die rehabilitierende Funktion des kreativen Schreibens. Sie zeigt sich in Selbstsorge, Selbststärkung, kollegialem Coaching, Mediation und Entwicklung.
- Der Wissensvermittlung bezüglich konzeptioneller Entwicklungen und dem Literacy Management[4] dient die dritte Säule im internen Schreibinstitut.

Wenn Unternehmen und Institutionen sich der vielfältigen Einsatzmöglichkeiten und der erwiesenen Wirkkraft des kreativen Schreibens bedienen, verbinden sie individuelle und organisationale Entwicklungsprozesse. Dann steht ein innovatives Instrument zur Verfügung, anstehenden Herausforderungen und Veränderungen aktuell zu begegnen. Denn die fortlaufende kreative Interaktion von Person und Organisation stellt neuartige Erfahrungen in Bezug auf das eigene Wahrnehmen, das Denken und kontextsensibles Handeln zur Verfügung (Zech, 2008).

---

4 Gezielte Vermittlung von Schreiben und Lesen bzw. die Begleitung von Schreibenden und Lesenden an Schulen, Hochschulen und berufs(weiter)bildenden Einrichtungen, verknüpft mit den curricularen und didaktischen Gegebenheiten der jeweiligen Aus- und Weiterbildungsgänge.

Teil 3:
Kreatives Schreiben praktizieren

Impulse zur fachlichen Interpretation und professionellen Entwicklung

Die Ursprünge des kreatives Schreibens liegen in der amerikanischen Schreibforschung (z. B. Peter Elbow), in der literarisch-philosophischen Anwendungsdefinition (z. B. André Breton, Ernst Bloch), im psychoanalytischen und psychotherapeutischen Erklärungsansatz (Sigmund Freud, Hilarion Petzold) und in den Ergebnissen der Hirnforschung (Gabriele Rico). Wenn man die von uns genutzte Definition (S. 26 f.) theoretisch durchdringt, hat man die Grundlage hergestellt, um das kreative Schreiben als konzeptionellen Anker für unterschiedlichste Entwicklungskonzepte zu nutzen.

In diesem Buch werden beispielhaft zwei Projekte vorgestellt, die sich jedoch lediglich in der Praxisanwendung unterscheiden. Beide Modelle eint die theoretische Grundlage, sie basieren auf dem systemischen Verständnis des Schreibwirkmodells, nutzen eine Vielzahl von Methoden und Spielformen des kreativen Schreibens, und selbst zur Steuerung des Schreibprozesses werden ähnliche Schreibimpulse gesetzt. Unsere Erfahrung zeigt: Wenn sich die theoretische Basis und die Anwendungserfahrung des kreativen Schreibens mit den Herausforderungen aus der eigenen Profession vereint, dann eröffnet sich das Wirkungsspektrum des kreativen Schreibens. Sind diese Methoden erst einmal erprobt und ausgewertet, wird eine große Bandbreite von Interpretations- und Anwendungsmöglichkeiten sichtbar, die es erlaubt, maßgeschneiderte Schreibaufgaben zu entwickeln.

Wir möchten unsere Leserinnen anregen, diese Erkenntnisse auf ihre individuellen Konzepte zu übertragen. Dieser dritte Teil des Buches soll als eine Arbeitshilfe fungieren, die wesentliche Aspekte listet, beschreibt und analog zum Schreibwirkmodell kommentiert. Wir stellen häufig genutzte Methoden und exemplarisch einzelne Schreibübungen aus den Pilotprojekten vor und erklären, mit welcher Intention wir sie im Schreibwirkmodell eingesetzt haben. Um sich einen Überblick über die Vielfalt gängiger Schreibübungen zu verschaffen, wird auf eine kommentierte Literaturauswahl weiterführender Fachbücher verwiesen, die wir zum Nachschlagen, als Anregung und zur Weiterentwicklung empfehlen.

Von der Assoziation zu inneren Bildern: Grundlegende Schreibmethoden

Es gibt fünf grundlegende Methoden, die das kreativ-biografische Schreiben und das kreativ-therapeutische Schreiben unterstützen. Sie fördern die Öffnung des Bewusstseins und machen so verborgene Erinnerungen, Erlebnisse und Erfahrungen sicht- und nutzbar. Es geht um Wahrnehmung, Aneignung und Verwertung auf dem Weg zu Identität, zur eigenen Lebensphilosophie und zur authentischen Ausdrucksmöglichkeit. Clustern, automatisches Schreiben, assoziatives Schreiben, Mindmapping und die 30-Wort-Assoziationskette sind Methoden der Inspiration, die diesen inneren Dialog befördern.

Automatisches Schreiben

In der Literatur wurde die Methode der »Écriture automatique« (automatisches Schreiben), das ursprünglich aus der Psychologie stammt, von der Gruppe der Surrealisten um André Breton (Paris um 1920) genutzt, um spontane und unbewusste Eingebungen als Grundlage für eine neue Form der Kreativität zu nutzen. In freier Assoziation fließt all das, was aktuell in den Sinn kommt, so ungehindert wie möglich aufs Papier. Der Stift wird dabei nicht abgesetzt und die Schreibzeit ist festgelegt, um automatisch zu tieferliegenden Inhalten zu führen, den kognitiven, kritischen Gedanken so wenig Raum wie möglich zu überlassen und zu neuen literarischen Ausdrucksformen zu finden (z. B. Teil 2, S. 92 f.).

Assoziatives Schreiben/Freewriting

Das Freewriting ist eine ähnliche Quelle der Inspiration. Ohne besondere Regeln und ohne konzeptionelle Planung liegt der Fokus auf dem Prozess der Ideenproduktion, die als Vorlage für jede Textsorte vom Gedicht bis zur wissenschaftlichen Arbeit dienen kann. Peter Elbow (1998) hat diese Schreibtechnik erforscht und publiziert.

Ein Stichwort gibt den Impuls, schnell und unüberlegt kleine Text, Zeilen und Gedankenfetzen zu notieren. Knappe Zeitvorgaben beschleunigen die Schreibgeschwindigkeit, um so den inneren Zensor zu überlisten. Mit dieser Technik können Schreibblockaden gelöst und ebenso tiefe Erinnerungen und Erfahrungen selbsterforschend geborgen werden (z. B. Teil 2, S. 60 f., 92 f., 95, 100, 105 f., 116).

Clustering

Custer erstellen ist eine Möglichkeit, bildliches rechtshemisphärisches mit begrifflichem linkshemisphärischem Denken schreibend zu verknüpfend. Kreatives Schreiben profitiert von der Verbindung biografischer Imagination mit regelhaften Formen. In ihrem Ansatz fördert Gabriele Rico (1984) dieses integrative Zusammenspiel rechtshemisphärischer Phantasieanregung mit Strukturbildungen der linken Gehirnhälfte. Sie hat wegweisend mit Cluster und Mindmap experimentiert. In kurzer Zeit und so unzensiert wie möglich, lässt sich aus einem Cluster eine Kernaussage formulieren, die als Leitgedanke zu Prosa oder Lyrik führt. Cluster entfalten sich um das Kernwort, das den Mittelpunkt bildet, vergleichbar einem Stein, der ins Wasser fällt und Kreise zieht. Es ist die Kurzschrift bildlichen Denkens (Abbildung 5).

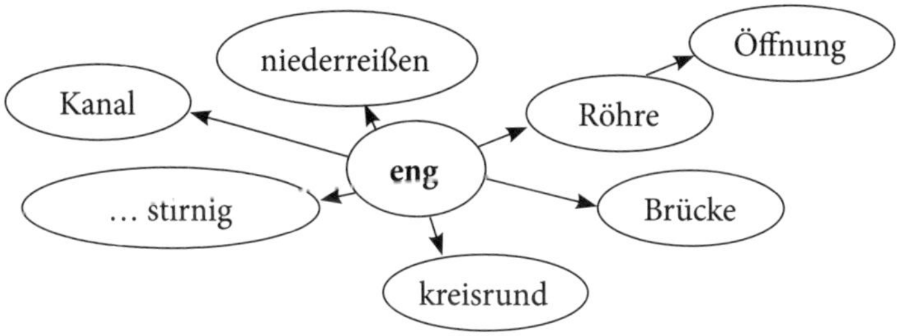

Abbildung 5: Cluster

Lässt die spontane Assoziation nach, werden die Worte markiert, die berühren bzw. ein Bedeutungsnetz ergeben, um dann mit ihnen weiterzuschreiben. Clustern ist vielseitig anwendbar, sowohl zur Materialgewinnung und Themenfindung als auch zur Textarbeit (z. B. Teil 2, S. 57, 92, 98 f., 103).

Mindmapping

Denken ist ein äußerst komplexer Prozess, bei dem das Gehirn ständig neue Schlüsselwörter mit Assoziationen und Strukturen bildet, schnell zwischen verschiedenen Gedankengängen wechselt, Details ergänzen,

Gedanken neu an Bewusstes knüpft, verschüttete Wissensgebiete oder Erfahrungen aktiviert und in neue Zusammenhänge stellt. Wird dieser Prozess bildhaft im Mindmapping ausgeführt (Buzan, 2002), reihen sich die Schlüsselworte aneinander, bilden Überschriften, die ihrerseits neue Assoziationen anregen und zu innerer Auseinandersetzung mit dem zu bearbeitenden Thema führen (Abbildung 6). Als bevorzugter Einsatzbereiche gilt die Stoffsammlung in Einzel- und Gruppenarbeit, auch zur Vorbereitung einer wissenschaftlichen Publikation (z. B. Teil 2, S. 103).

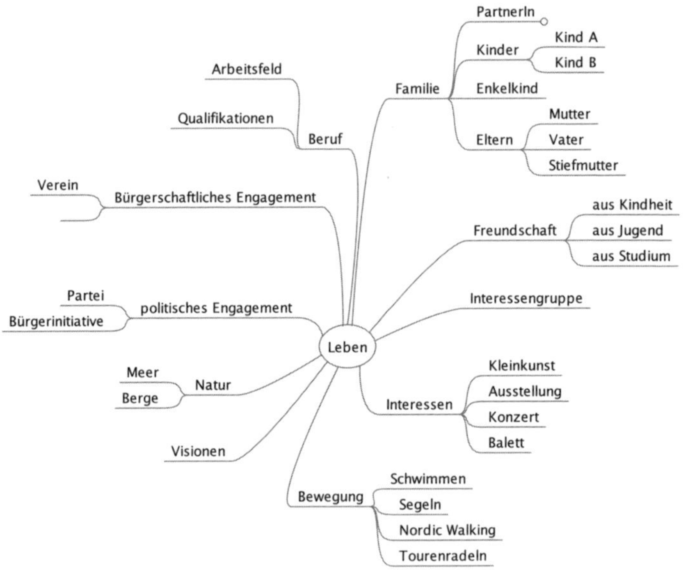

Abbildung 6: Beispiel eines Mindmappings

Anleitung: Auf einem querliegenden großen Papierbogen, möglichst in DIN A3 oder DIN A2, steht im Mittelfeld das Thema bzw. der Titel. Von diesem ausgehend werden systematisch einzelne Aspekte hinzugefügt, um dann wiederum in Unterpunkte verästelt zu werden. Es entsteht eine Vernetzungskarte zur weiteren Bearbeitung des Themas.

30-Wort-Assoziationsmethode

Eine Abwandlung von Clustering und Mindmapping ist eine gelenkte Assoziation zu mehreren Kernworten. Ein Impulsbegriff ist der Ausgangspunkt, von dem aus in drei Schritten je zehn Worte spontan in Spalten assoziativ gesammelt werden. Ein ausgewähltes Wort aus der ersten Spalte dient als Ausgangspunkt für die zweite Spalte und sind zehn Begriffe dazu gefunden, wird wiederum eines daraus als Impuls für die dritte Spalte gewählt. So entsteht ein breites persönliches Assoziationsfeld von drei Zehn-Wort-Ketten, die zu relevanten Aspekten oder verborgenen Themen führen (Abbildung 7).

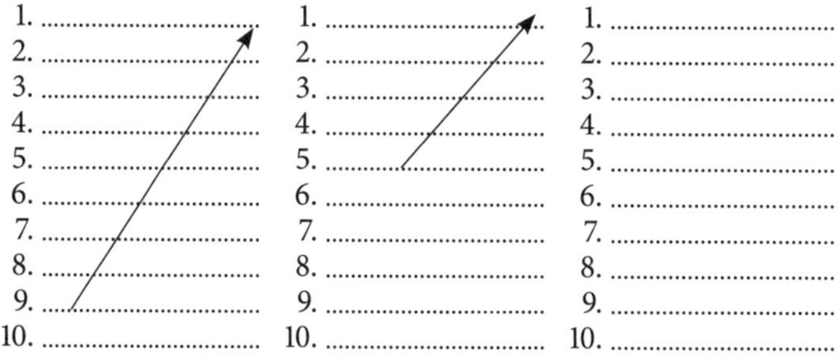

Abbildung 7: 30-Wort-Assoziationsmethode

Wir verwenden diese Methoden zur Bestandsaufnahme, um ein situatives Bild zu beschreiben, oder zu Themenfindung und Stoffsammlung bei der Textarbeit (z. B. Teil 2, S. 63, 96, 105).

Interventionen zur Prozesssteuerung

An dieser Stelle ordnen wir die Schreibübungen, die wir in diesem Buch zwar genannt, jedoch noch nicht beschrieben haben, ausgewählten Wirkungsfeldern des kreativen Schreibens analog zum Schreibwirkmodell zu. Zur besseren Orientierung und Anregung strukturieren wir sie anhand der drei Schnittstellen *Interaktion, Kreativität, Ressource,* wohl wissend, dass jede Schreibübung für sich in anderen Zusammenhängen genutzt werden kann.

Schreibübungen im Feld der Interaktion

■ **Schreibaufgabe:** Namensalliteration (Teil 2, S. 56)
Zweck: Ermöglicht werden soll ein Kennenlernen, das Sich-Raum-Nehmen und gleichzeitig Selbstwirksamkeitserleben.
Zeit: 10 Minuten
Anleitung: Bitte erstellen Sie ein Namensschild aus einer Moderationskarte in der Farbe Ihrer Wahl. Geben Sie dann diese Karte nach links an den Menschen, der neben Ihnen sitzt, weiter. Sie bekommen die Karte des rechts von Ihnen Sitzenden. Notieren Sie nun auf der Rückseite zum Anfangsbuchstaben des Vornamen sieben Begriffe, die Sie innerhalb eine Minute assoziieren. Dann geben Sie die Karte zurück, und Sie erhalten Ihre Karte. Zu den nun vorgefundenen Worten erstellen Sie einen Text mit maximal sieben Sätzen, der eine Handlung haben kann, Nonsens ist oder surreal. Dafür haben Sie sieben Minuten Zeit.

Mit Ihrem Text und dem, was wir sonst noch von Ihnen erfahren dürfen, stellen Sie sich jetzt der Gruppe vor.

■ **Schreibaufgabe:** Rundgedicht (Teil 2, S. 58)
Zweck: Die spielerische Kontaktaufnahme mit Lyrik und der Gruppe steht im Mittelpunkt.
Zeit: 10–15 Minuten
Anmerkung: Das Rundgedicht wird Friedrich Rückert zugeschrieben, der es nach einem persischen Vorbild entwickelt haben soll (Abbildung 8).

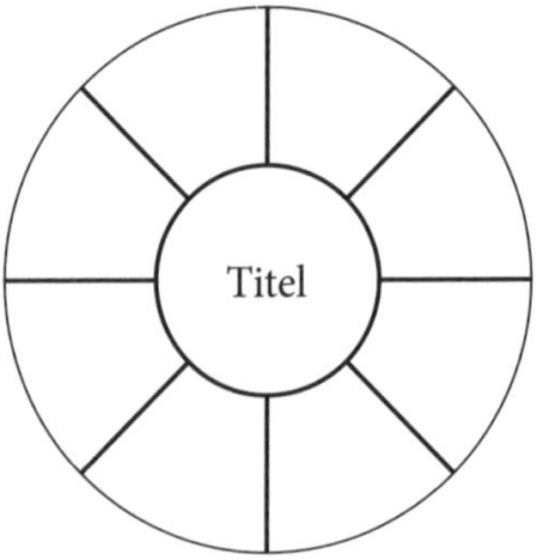

Abbildung 8: Vorlage Rundgedicht

Anleitung: Bitte schreiben Sie den Titel bzw. das Thema, zu dem ein Gedicht geschrieben werden soll, ins Mittelfeld und geben Sie das Blatt nach rechts weiter. Sie erhalten vom Menschen, der links neben Ihnen sitzt, ein Blatt. Beginnen Sie in einem beliebigen Segment, in das Sie einen sich reimenden Zweizeiler schreiben. Geben Sie nach rechts weiter und füllen das sich anschließende Segment wiederum mit einem sich reimenden Zweizeiler und geben Sie die Blätter so lange weiter, bis alle Felder auf allen Blättern gefüllt sind.

■ **Schreibaufgabe:** Warten (Teil 2, S. 105)
Zweck: Angeregt wird zum bewussten Nutzen einer Wartesituation.
Zeit: 5 Minuten
Anmerkung: Gruppen neigen dazu, den Zuspätkommenden besondere Aufmerksamkeit zu schenken. Diese Zeit kann ebenso dazu genutzt werden, sich selbstreflexiv mit dem eignen Warten zu beschäftigen.
Anleitung: Bitte wählen Sie ein farbiges Blatt, das Ihrer momentanen Befindlichkeit entspricht, und einen Stift in dazu passender Farbe. Sammeln Sie in drei Minuten Assoziationen zu *Warten,* anschließend verdichten Sie diese Gedanken und Empfindungen in einem lyrischen Kleinformat. Dafür haben Sie fünf Minuten Zeit.

■ **Schreibaufgabe:** Lyrik–Prosa–Lyrik (Teil 2, S. 59 f., 101 ff.)
Zweck: Es geht um die interaktiven Begegnung.
Zeit: ohne Zeitvorgabe
Anmerkung: Diese Schreibübung arbeitet mit einer literarischen Vorlage, setzt sich mit einem selbst verfassten Text damit auseinander und wird anschließend in einer Zweiersituation weiterbearbeitet. Damit wird die persönliche Interaktion mit einem Schriftsteller über dessen Gedicht interpersonell fortgesetzt.
Anleitung: Bitte wählen Sie ein Gedicht aus, dass Ihnen gefällt, das Sie berührt oder reizt. Dessen Aussage, Inhalt, Bilder und Anmutungen schreiben Sie um in eine Prosaform, zum Beispiel als Essay, Brief, Nachricht, Abhandlung, Manifest oder Geschichte. Diesen Prosatext geben Sie an eine ausgewählte Schreibkollegin weiter, ohne das zugrunde liegende Gedicht und ohne Hinweis auf den Autor.

Die Adressatin verfasst nun zu diesem Text ein Gedicht und schickt/gibt diesen der Absenderin zurück. Anschließend werden alle

drei Abschnitte zusammengestellt: Lyrik (mit Autor), Prosa (mit eigenem Namen), Lyrik (mit Namen) und der Schreibkollegin zugesandt.
Hinweis: Diese Schreibaufgabe lässt sich ebenso zur Entwicklung von Kreativität einsetzen.

■ **Schreibaufgabe:** Postkarte (Teil 2, S. 61 f.)
Zweck: Gefördert wird die Begegnung mit inneren Bildern und deren Reflexion mittels Feedback sowie die weiterführende Kontaktaufnahme mit inneren Repräsentanten (Adressat der Postkarte).
Zeit: ca. 45 Minuten
Anmerkung: »Was vorüber ist, ist nicht vorüber«, beginnt ein Gedicht von Rose Ausländer, und diese Schreibübung birgt etwas von dieser Erfahrungen, denn sie bringt Inhalte der persönlichen Biografie in Kontakt mit dem Tagesbewusstsein und lädt zur Begegnung mit inneren Repräsentanten ein.
Anleitung: Bitte suchen Sie imaginativ einen Ort, den Sie kennen oder von dem Sie gehört haben, und stellen Sie ihn sich genau vor. Wie sieht es hier aus? Welche Jahreszeit finden Sie vor, welches Wetter und welche Tageszeit? Wenn Sie sich genau umschauen, was entdecken Sie? Sammeln Sie diese Sinneseindrücke mittels automatischen Schreibens in zwei Minuten. Nehmen Sie dabei nicht den Stift vom Papier. Es entsteht eine Art Postkartenbild, das Sie einer Kleingruppe vorstellen, deren Mitglieder Ihnen dann Feedback dazu geben, was sie sehen, ob es für sie spannend, prägnant, sinnlich oder ungewöhnlich ist und worüber sie mehr wissen möchten. Anschließend entscheiden Sie, wem Sie diese Postkarte schicken möchten. Dabei kann es sich um lebende, verstorbene oder um Fantasiefiguren handeln. Wem möchten Sie Ihre Empfindungen von diesem Ort vermitteln? Schreiben Sie dann an diese Person einem kurzen Postkartentext. Die Essenz von Vorder- und Rückseite fassen Sie in einem Gedicht zusammen, das die Sinneseindrücke und Gefühle nutzt, ohne das vorherrschende Gefühl direkt zu benennen, denn das soll nur durchscheinen.

■ **Schreibaufgabe:** Zensor und Erlauberin (Teil 2, S. 70 f., 99)
Zweck: Die Übung ist zur versöhnlichen Bearbeitung abgewehrter Inhalte geeignet.
Zeit: 25 Minuten

Anmerkung: Diese modifizierte Version des Klassikers *Dialog mit dem inneren Zensor* widmet sich den inneren kritischen Stimmen, lässt sie bewusst zu Wort kommen, um dann Mut machende, fördernde Anteile danebenzustellen und zu Wort kommen zu lassen. Polaritäten treten in einen Dialog.
Anleitung: Bitte stellen Sie sich eine Schreibsituation vor, die Sie (in letzter Zeit) als schwierig erlebten, und nehmen Sie sie nochmals bewusst wahr. Verlegen Sie diese Situation nun auf eine Bühne, während Sie imaginativ im Zuschauerraum Platz nehmen. Beobachten Sie genau die Rolle des kritischen Zensors: Wie ist er gekleidet? Wie bewegt er sich? Welche Mimik und welche Gestik zeigt er? Wie sind Stimme und Tonfall? Hören Sie auf seinen Monolog: Was sagt er? Notieren Sie alle Äußerungen in fünf Minuten.

Nun betritt die innere Erlauberin die Bühne. Beobachten Sie genau ihre Erscheinung: Wie ist sie gekleidet? Wie bewegt sie sich? Welche Mimik und welche Gestik zeigt sie? Wie sind Stimme und Tonfall? Auch die innere Erlauberin hält einen Monolog: Was sagt sie?

Notieren Sie alle Äußerungen in fünf Minuten.

Anschließend treten beide in einen Dialog, den Sie aufmerksam aus dem Zuschauerraum beobachten. Notieren Sie diesen Dialog. Gestatten Sie beiden, sich während der Begegnung zu verändern. Sorgen Sie dafür, dass sich beide am Ende ihres Dialogs verständigen, eventuell verabreden oder ein Arbeits- bzw. Stillhaltebündnis schließen. Dafür haben Sie 15 Minuten Zeit.

Schreibübungen im Feld der Kreativität

Folgende Gedichtformen und das Telegramm sind stark strukturiert und fordern mit ihrem engen Rahmen dazu heraus, treffende Begriffe zu finden bzw. zu entwickeln, diese präzise darzustellen und eine Aussage maximal zu verdichten.

■ **Schreibaufgabe:** Elfchen, Schneeball, Haiku (Teil 2, S. 61 f., 73 f., 91, 105, 108)
Zweck: Der verdichtete Ausdruck tiefgreifender Empfindungen fördert die Auseinandersetzung damit und bietet eine geschützte (weil verfremdete) Mitteilung ans Umfeld.
Zeit: 5–15 Minuten

Anleitung: Bitte erstellen Sie anhand der vorgegebenen Grundstruktur ein Gedicht zum aktuell behandelten Thema und wählen Sie dabei in jeder Zeile genau die Worte mit der für Sie optimalen Ausdruckskraft. Insgesamt stehen Ihnen elf *(Elfchen)* Wörter zur Verfügung.

Diese Grundstruktur können Sie erweitern zu einem Schneeball mit 25 Worten in runder Form.

Strenge Vorgaben, jedoch nicht mit Wörtern, sondern mit einer festgeschriebenen Silbenzahl, bieten die japanischen Lyrikformen, wobei *Tanka* und *Renga* interaktiv die Grundform des *Haiku* erweitern.

Elfchen verwendet elf Wörter in fünf Zeilen, die mittig auf dem Blatt angeordnet werden, so dass die Struktur optisch sichtbar wird.

1 Wort —
2 Wörter — —
3 Wörter — — —
4 Wörter — — — —
1 Wort —

Schneeball setzt diese Struktur zur runden Formation mit insgesamt 9 Zeilen und 25 Wörtern fort.

—
— —
— — —
— — — —
— — — — —
— — — —
— — —
— —
—

Haiku ist eine japanische Gedichtform, die folgendermaßen aufgebaut wird:
- Zeile 1 mit fünf Silben zu einer Stimmung,
- Zeile 2 mit sieben Silben zu einer Landschaft oder einer Situation,
- Zeile 3 mit fünf Silben zu einer Aussage.

Als *Tanka* ist es dialogisch angelegt, indem eine zweite Person weitere zwei Zeilen mit je sieben Silben hinzufügt. Im *Renga* sind drei Personen beteiligt, die dritte Person stellt zwei Zeilen mit je sieben Silben voran: 7–7//5–7–5//7–7.

■ **Schreibaufgabe:** Konstruktionsgedicht (Teil 2, S. 58 f.)
Zweck: Hoch emotionale Situationen lassen sich in dieser knappen Version ausdrucksstark auf den Punkt bringen und mitteilen.
Zeit: 10 Minuten
Anmerkung: Eugen Gomringer entwickelte diese stark strukturierte Lyrikform, die zu äußerster Verdichtung herausfordert.
Anleitung: Denken Sie sich ein Wort aus, das Sie lockt, Ihnen spontan einfällt oder das eine Ihrer Stimmungen aufgreift. Notieren Sie dieses eine Wort. Dies ist das Wort A. Wiederholen Sie in der nächsten Zeile Wort A, schreiben »und« und eine Assoziation dazu als zweites Wort B. Nun schreiben Sie die zweite Strophe (dritte Gedichtzeile), die mit Wort B beginnt. Schreiben Sie nach dem folgenden Muster Ihr Gedicht weiter, bis es nach diesem Muster gestaltet ist:

- Wort »A«
- Wort »A« »und« »B«

- Wort »B«
- Wort »B« »und« Wort »C«

- Wort »A«
- Wort »A« »und« Wort »C«

- Wort »A« und Wort »B« und Wort »C« »und«
- freie Wort- und Verswahl

■ **Schreibaufgabe:** Telegramm (Teil 2, S. 69 f.)
Zweck: Es geht um das verschlüsselte Mitteilen stark fokussierter persönlicher Erfahrung in verknappter Form.
Zeit: 5–10 Minuten
Anmerkung: Schreibe zehn, behalte eins – Telegramme sind, zumindest waren sie das in der Vormailzeit, teuer. Jedes Wort kostet Geld,

mit dem sparsam umgegangen werden muss. Also ist Beschränkung erlaubt und Verdichtung gefordert.
Anleitung: Bitte beschreiben Sie stichwortartig oder in einem kurzen Text, was Sie in letzter Zeit erlebt, gedacht oder geträumt haben. Stellen Sie sich dann vor, Sie erhalten einen Euro, um damit ein Telegramm aufzugeben. Jedes Wort kostet zehn Cent. Wenn Sie nicht alles Geld ausgeben, dürfen Sie es behalten. Formulieren Sie ein Telegramm, das Ihren Text wirkungsvoll ausdrückt oder andeutet.

Beim »Stationenschreiben« werden verschiedene Schreibstationen (Teil 2, S. 71 ff.) eingerichtet, die eine Auswahl unterschiedlicher Schreibaufgaben bieten. Sie werden im Folgenden beschrieben. Die Übungen regen dazu an, neue Vorgehensweisen zu erproben und neu mit sich in Kontakt zu treten. An den einzelnen Stationen liegen die Arbeitsanweisungen aus, daneben farbige Blätter und die in den Übungen angegebenen Materialien, wie zum Beispiel Würfel, sortierte bunte Stifte, vorbereitete Briefumschläge mit Arbeitsmitteln.

■ **Schreibaufgabe:** Farbspiel (Teil 2, S. 72)
Zweck: Gefördert wird die farbsymbolische Auseinandersetzung mit persönlichen Erlebnisinhalten und Mitmenschen bzw. inneren Anteilen.
Zeit: 45 Minuten, je nach Themenstellung angemessen erweitert
Anmerkung: Farben wirken, erzeugen Stimmungen, aktivieren Erinnerungen und regen ebenso an, neue Geschichten zu erzählen. In dieser Schreibaufgabe werden sie als Impulsgeber genutzt, um kreativ Material zu entwickeln, aus dem dann schrittweise, einer Produktionslogik folgend, ein Text verfasst wird.
Material: Farbmuster
Anleitung: Bitte entwickeln Sie schrittweise eine Geschichte zum Thema Farbspiel. Wählen Sie dazu Farben aus, die einen Ort symbolisieren, die Person(en) charakterisieren und für eine Handlung stehen oder lassen Sie die Farben sich personifiziert begegnen. Folgen Sie dem Ablauf der Textproduktion: Ideen sammeln (Freewriting, Cluster o. Ä.) – Einleitung schreiben – Einleitung überarbeiten – Hauptteil schreiben – Hauptteil überarbeiten – Schluss schreiben – gesamten Text überarbeiten. Bei der Stoffsammlung und beim Aufbau können

die W-Fragen hilfreich sein: wer, wann, was, wie, wie oft, mit welchen Mitteln, aus welchem Grund?

■ **Schreibaufgabe:** Mein Körper (Teil 2, S. 72)
Zweck: Die Körperwahrnehmung mit den damit verbundenen Emotionen wird aktiviert und intensiviert, anschließend aus der (historischen) Distanz betrachtet (Dezentrierung).
Zeit: ca. 60 Minuten
Anmerkung: Unser Erleben, unsere Empfindungen sind im Körpergedächtnis gespeichert. Alle Gefühle nehmen wir körperlich wahr, Grund genug also, um unserem Körper aufmerksam zu begegnen.
Anleitung: Bitte nehmen Sie Kontakt mit Ihrem Körper auf. Er ist Ihr ureigener Lebensraum. Welche Metaphern aus der Natur, der Musik, der Kunst, der Wissenschaft, der Technik etc. Können Sie für ihn entwickeln? Skizzieren Sie diese Bilder kurz, um dann noch ein paar weitere zu suchen. Stellen Sie sich nun vor, eine Schriftstellerin des frühen 20. Jahrhunderts zu sein, die auf ihren Körper einen lyrischen Text schreibt. Wie würde er lauten?

■ **Schreibaufgabe:** Gefühle metaphorisch (Teil 2, S. 72)
Zweck: Persönliche Zusammenhänge werden kreativ de- und rekonstruiert, Situationen auf den Kopf gestellt, um sie neu zu betrachten.
Zeit: mindestens 45 Minuten
Anmerkung: In Kurzgeschichten sind Handlungen und Empfindungen nicht benannt, sondern skizziert: Don't tell it, show it! Sie scheinen durch die Erzählung hindurch ins Erleben des Lesenden hinein, um sich dort mit dessen Erfahrungen und Empfindungen zu verbinden. Die Arbeit mit Schreibsegmenten unterstützt einen ungewöhnlichen Erzählprozess.
Material: Briefumschlag mit Gefühlskarten, Schere und Klebstoff
Anleitung: Bitte wählen Sie aus dem Briefumschlag verdeckt drei Karten. Diese Gefühle sind Ausgangspunkt Ihrer Kurzgeschichte. Sie beschreiben nacheinander zu jedem Gefühl eine Person, Situation oder eine Handlung (je zehn Minuten). Sie verwenden das Papier nur einseitig. Anschließend schneiden Sie jeden Text in mindestens drei Teile und montieren dann diese Teile derart, dass immer abwechselnd Segmente der verschiedenen Textteile angeordnet sind. Anschließend

betten Sie Ihre entstandene Kurzgeschichte in eine kleine Eingangsszene und geben ihr einen Abschluss.

■ **Schreibaufgabe:** Tierminiatur (Teil 2, S. 72 f.)
Zweck: Die distanzierte Auseinandersetzung mit Persönlichkeitsanteilen in der Außenperspektive (Tiermetapher) wird angeregt.
Zeit: 15 Minuten
Anmerkung: Tiere können Persönlichkeitsanteile und Erfahrungen repräsentieren und lassen sich als Metapher für eine anstehende Lösungssuche nutzen.
Material: Sanduhr für 15 Minuten
Anleitung: Bitte stellen Sie sich eine Aufgabe/Herausforderung vor, die vor Ihnen liegt. Welches Bild haben Sie davon? Wenn Sie nun diese zu bewältigende Situationen mit Tieraugen betrachten würden, welches Tier könnte Ihnen etwas Weiterführendes dazu vermitteln? Welches Tier kann etwas oder verfügt über Fähigkeiten, die Sie sich gerade wünschen? Stellen Sie sich vor, Sie könnten sich selbst für einige Minuten als dieses Tier betrachten. Natürlich würden Sie dabei ungläubig staunen, denn Ihre Verhaltensweise als Tier wäre ja eine völlig andere. Welche? Schreiben Sie 15 Minuten, denn das ist genau der Zeitraum, in dem ein Zauberer es Ihnen ermöglicht, mit dem von Ihnen ausgewählten Tier zu tauschen.

■ **Schreibaufgabe:** Dein Bild in mir (Teil 2, S. 72)
Zweck: Es wird ein innerer Dialog mit persönlich bedeutsamen Menschen geführt.
Zeit: mindestens 40 Minuten
Anmerkung: Meist tauchen die Menschen, an die wir denken, eher schemenhaft auf. Diese Schreibübung fördert eine aufmerksame innere Kontaktaufnahme.
Material: Schere und Klebstoff
Anleitung: Bitte stellen Sie sich einen Menschen vor, der Sie in letzter Zeit beschäftigt. Betrachten Sie ihn so genau, wie es Ihnen nur möglich ist, von seiner Kleidung über sein Auftreten und zu dem, was er gerade tut, bis hin zu Ihrer Beziehungsgeschichte. Was zeigt sich Ihnen besonders deutlich? Beschreiben Sie Ihr Bild in einem fiktiven Brief an diese Person, teilen Sie sich über Ihre Empfindungen zu ihr

mit und beobachten Sie, wie sich dieses Bild während des Schreibens verändert.

Anschließend zerschneiden Sie den Text in einzelne Satzfragmente oder absatzweise, um diese Teile dann auf einem neuen Blatt zu einer Collage aufzukleben. Wie begegnet Ihnen dieser Mensch jetzt? Und wie sehen Sie ihn jetzt?

■ **Schreibaufgabe:** Wer hätte das gedacht? (Teil 2, S. 72)
Zweck: Spiel mit unterschiedlichen Betrachtungsweisen, die sich jeweils in Folge aus der vorherigen entwickeln.
Zeit: selbst gewählt
Anmerkung: Die Dinge lassen sich von vielen Seiten aus betrachten und erscheinen immer wieder in neuen Facetten. Schreiben von mehreren Textversionen unterstützt eine solche Blickwinkelerweiterung.
Material: verschiedenfarbige Stifte in unterschiedlicher Dicke
Anleitung: Bitte setzen Sie sich, wenn keine konkrete Schreibzeit vorgegeben ist, eine Zeit, in der Sie diese Schreibaufgabe bearbeiten möchten. Teilen Sie diese Zeit in vier gleich große Abschnitte. Schreiben Sie im ersten Zeitsegment einen Text zum Thema »Wer hätte das gedacht?«. Legen Sie diesen Text zur Seite und lassen Sie sich davon im nächsten Zeitabschnitt zu einer komplett anderen Geschichte anregen. Nutzen Sie dazu eine andere Stiftfarbe. Auch diese legen Sie beiseite. Nun ändern Sie das Blattformat (Hochformat zu Querformat oder umgekehrt), um einen dritten, sich von den anderen unterscheidenen Text zu erstellen. Lesen Sie im vierten Zeitsegment kurz Ihre drei Miniaturen, um nun eine abschließende Geschichte zum Thema zu schreiben.

■ **Schreibaufgabe:** Lebenslandschaft (Teil 2, S. 72)
Zweck: Partnerübung
Zeit: 45 Minuten
Anmerkung: Während an den anderen Stationen einzeln geschrieben wird, ist hier eine Zweierübung geboten, eine Begegnung über eine Landschaftsmetapher.
Material: unterschiedliche Landschaftsbilder und eine Sanduhr für zehn Minuten

Anleitung: Bitte begrüßen Sie Ihren Schreibpartner, dann wählen Sie beide aus den Bildern jeweils einen *Sehnsuchtsort* aus, betrachten das Bild genau und lassen sich von ihm in diese Region hineintragen, weiter und weiter. Dann schreiben Sie zehn Minuten (Sanduhr einsetzen). Lesen Sie sich dann Ihre Texte gegenseitig vor und entwerfen Sie eine Landschaft, in der Sie sich beide vorstellen können, gut zu leben. Das kann eine reale oder eine fantasierte sein, in der alles möglich ist. Entwerfen Sie nun wieder jeder für sich eine entsprechende Landschaftsbeschreibung (zehn Minuten, Sanduhr). Lesen Sie sich auch diese vor und achten Sie auf Übereinstimmungen und Unterschiede. Was freut? Was verblüfft?

■ **Schreibaufgabe:** Schreiben zu einem Anfangssatz (Teil 2, S. 72)
Zweck: Ein fremder Satz wird zur Inspiration eigener Vorstellungen.
Zeit: mindestens 10 Minuten
Anleitung: Eine Sammlung einzelner Satzanfängen findet sich in einem Briefumschlag, aus dem verdeckt ein Zettel gezogen wird. Dies ist der Anfang einer Geschichte, zum Beispiel: »Wenn nur dieser ziehende Schmerz aufhören würde …«, »Diesmal klingelte das Telefon anders … «, »Ich hätte es wissen können … «.

■ **Schreibaufgabe:** Vorstellungsbilder (Teil 2, S. 72 f.)
Zweck: Die Metaphernarbeit zur zirkulären Rekonstruktion lädt spielerisch ein, neue ungewöhnliche Wege zu generieren.
Zeit: mindestens 15 Minuten
Anmerkung: Manche unserer Eigenheiten lassen sich leichter und vielleicht auch nachdrücklicher in Bildern darstellen.
Anleitung: Bitte stellen Sie sich vor, eines Ihrer Persönlichkeitsanteile wäre ein Tier oder eine Fantasiegestalt, das seinen ganz eigenen Weg suchen würde. Was könnte alles geschehen? Schreiben Sie dazu ein Gedicht in einem Sie ansprechenden Versmaß oder in freier lyrischer Form.

■ **Schreibaufgabe:** Roman in sechs Briefen (Teil 2, S. 72)
Zweck: Spiel mit Blickwinkeln, die Geschichte entsteht im Prozess und verstört damit bisherige oder gängige Betrachtungen.
Zeit: 45 Minuten

Anmerkung: Diese Schreibstrategie nutzt unsystematisches Vorgehen für Perspektivwechsel und verwirrende Überraschungen. Sie benötigen einen Würfel.
Anleitung: Bitte erstellen Sie einen Briefroman mit zwei Personen in sechs Briefen zum Thema: »Jemand ist aus der Heimat fortgegangen und schreibt an jemanden, der daheim geblieben ist.«

Vor Beginn würfeln Sie und schreiben als Erstes das Kapitel, das Ihnen der Würfel vorgibt. Ist es eine Vier, so schreiben Sie das vierte Kapitel. Anschließend würfeln Sie wieder, um mit dem entsprechenden Kapitel Ihren Briefroman fortzusetzen, bis alle sechs Kapitel fertig sind. Stellen Sie diese Teile in der Reihenfolge eins bis sechs zusammen und lesen Ihren Briefroman laut.

■ **Schreibaufgabe:** Miniroman in einer Stunde (Teil 2, S. 103 f.)
Zweck: Aus einer (literarischen) Vorlage und situativen Impulsen wird ein neuer Zusammenhang hergestellt.
Zeit: 1 Stunde
Anleitung: Es sind drei Briefumschläge vorbereitet, die unterschiedliche Impulse anbieten, von denen je ein Zettel gezogen wird: eine Hauptperson im Umschlag 1, ein Anfangssatz, mit dem die Geschichte beginnt, im Kuvert 2 und ein Satz in wörtlicher Rede, der den Verlauf der Geschichte beeinflusst, im Umschlag 3. Mit diesen Vorgaben entwickeln Sie einen Text. Sie haben 30 Minuten Zeit.
Erstes Feedback: Bitte lesen Sie die Geschichte einer Partnerin vor, mit der Bitte um Konzentration auf das, was zwischen den Zeilen steht: »Was hab ich beinahe gesagt? Was schimmert durch? Worüber würdest du gern mehr hören?«

Dann kommt der Briefumschlag 4 ins Spiel. Es werden neue Varianten für den Schluss der Geschichte angeboten: das Ende umschreiben, vom Happy End zum Drama oder umgekehrt. Wenn das Ende in der Ursprungsgeschichte offen geblieben ist, dann wählen Sie aus, ob die Geschichte gut oder schlecht enden soll.
Zweites Feedback: Lesen Sie Ihren Text laut vor und hören Sie, wie er klingt. Dieses laute Lesen ist besonders dann wirksam, wenn der Text noch ganz frisch ist und Sie gerade erst dabei sind, etwas zu entdecken. Oder wenn wenig Zeit und der Text fertig ist. Dann ist es Zeit, den Text zu feiern und ihn einfach nur mit anderen zu teilen.

Hinweis: Diese Schreibübung setzen wir ebenso zur Stärkung der Ressourcen und zum Achtsamkeitstraining ein.

Schreibübungen im Feld der Ressourcen

■ **Schreibaufgabe:** Jetzt (Teil 2, S. 66)
Zweck: zur achtsamen Selbstwahrnehmung
Zeit: 15 Minuten
Anleitung: »Beschreiben Sie diesen jetzigen, einzigartigen Augenblick. Seien Sie vollkommen präsent, so ›gut‹ Sie gerade jetzt vollkommen präsent sein können. Spüren Sie das Innere Ihres Körpers, öffnen Sie Ihre Sinne für Ihre Wahrnehmung, bleiben Sie mit Ihren Gedanken hier, an diesem Ort, der gerade vollkommen ist, sonst wäre er nicht so, wie er ist. Vergangenheit und Zukunft sind gut aufgehoben in den Fächern der Zeit. Beschreiben Sie nur diesen Augenblick, der Ihnen schneller, als Sie schreiben können, unter den Fingern zerrinnt. Jetzt. Strahlend. Vollkommen« (Platsch, 2010, S. 97).

■ **Schreibaufgabe:** Können Ameisen faulenzen? (Teil 2, S. 64 f., 95 f.)
Zweck: zum Erkennen und Entwickeln von Ressourcen
Zeit: 10 Minuten
Anmerkung: Ameisen vermitteln uns Emsigkeit und Produktivität, kleine flinke Tiere, die den Wald aufräumen und riesige Hügel aufhäufen. Sind sie mitunter auch ein Vorbild für uns und unsere Tüchtigkeit? Begeben wir uns dem eigenen Anspruch auf die Spur.
Anleitung: Bitte schreiben Sie innerhalb von sechs Minuten einen Text, der sich mit der Frage auseinandersetzt, ob Ameisen auch faulenzen. Freuen Sie sich beim anschließenden Vorlesen über die Vielfalt der Meinungen.
Hinweis: Diese Schreibübung setzen wir ebenso zur Förderung der Interaktion ein: Was können wir von Ameisen für unsere Gruppenarbeit lernen?

■ **Schreibaufgabe:** Scham und Stolz (nach Vopel, 2006, S. 153 f.) (Teil 2, S. 67 ff.)
Zweck: zur Begegnung mit widersprüchlich erlebten Gefühle
Zeit: 45 Minuten

Anmerkung: Scham gehört zu den besonders belastenden inneren Einschränkungen. Vielen fällt es vergleichsweise leichter, über Verletzungen zu sprechen als über Scham. Daher vermeiden wir es meist, über beschämende Episoden zu sprechen, doch bleiben uns die verbundenen Belastungen und Einschränkungen. Eine Möglichkeit der Auseinandersetzung kann sein, diesen alten Gefühl eine eigene Stimme zu geben. Diese strukturierte Übung führt über eine langsame Annäherung an schwierige Gefühle zu einer heilsamen Begegnung und eventuell Auflösung alter Verstrickungen.
Anleitung: Legen Sie eine Liste an mit Handlungen und Lebenssituationen, in denen Sie Scham empfunden haben. Diese Liste bleibt privat! Schreiben Sie in bewusst klein gehaltener Schrift (5 Minuten). Anschließend legen Sie eine zweite Liste mit erfreulichen Dingen an, die Sie in Ihrem Leben getan/geleistet haben. Schreiben Sie bewusst in großer Schrift (5 Minuten). Fertigen Sie nun zwei Persönlichkeitsporträts an. In dem einen machen Sie die Protagonistin ganz klein und hässlich, in dem anderen stellen Sie die andere übertrieben groß dar. Die erste Beschreibung bezieht sich auf die Handlungen, für die Sie sich schämen, die zweite auf Ihre Sammlung der Anteile, auf die Sie stolz sind (10 Minuten).

Jetzt sind die Vorarbeiten geleistet für den nächsten Schritt dieser Übung. Stellen Sie sich vor, dass diese beiden Menschen sich treffen: Schreiben Sie den Dialog auf, den diese beiden miteinander führen könnten. Gestatten Sie beiden, sich während der Begegnung zu verändern. Diese Veränderungen müssen nicht willentlich herbeigeführt werden, denn sie ergeben sich in der Regel von selbst. Beachten Sie besonders die Erleichterung der beschämten Person. Sorgen Sie dafür, dass sich beide am Ende ihres Dialogs wertschätzend verabschieden (25 Minuten).

■ **Schreibaufgabe:** Innerer sicherer Ort (nach Reddemann, 2006a) (Teil 2, S. 66)
Zweck: Imagination zur Unterstützung von Selbststeuerung
Zeit: mindestens 15 Minuten
Anmerkung: Als selbstsichernde Intervention in der Traumatherapie entwickelt, wird der *innere sichere Ort* inzwischen vielfältig eingesetzt, um Selbststeuerung zu aktivieren. Diese Imagination unterstützt die

Kontrolle über stark emotionale Prozesse und kann als Achtsamkeitsübung gezielt eingesetzt werden, um vertraute, sicherheitsspendende innere Räume anzulegen.
Anleitung: Bitte nehmen Sie bequem Platz und gehen entspannt in Kontakt mit Ihrem Atem, ohne ihn zu beeinflussen. Richten Sie Ihre Aufmerksamkeit nach innen, eventuell schließen Sie dazu die Augen oder wählen einen Konzentrationspunkt vor sich auf dem Boden. Stellen Sie sich nun einen Ihnen angenehmen Ort vor. Welche Jahreszeit ist dort gerade, welche Tageszeit, welches Wetter? Was ist zu sehen, zu riechen, zu hören, zu spüren? Schauen Sie sich nach dem besten Platz um, um sich dort Ihren sicheren Ort anzulegen. Nehmen Sie Kontakt auf und beginnen Sie, sich Ihren inneren sicheren Ort anzulegen. Alles Material, das Sie dazu brauchen, ist vorhanden, und alle erforderlichen Bauarbeiten sind Ihnen ohne Schwierigkeiten möglich. Gestalten Sie diesen Schutzraum so, dass er Ihnen totale Sicherheit gibt. Nehmen Sie sich dafür die Zeit, die Sie benötigen. Geben Sie Ihrem sicheren Ort einen Eingang, den nur Sie kennen und der ausschließlich Ihnen zur Verfügung steht. Treten Sie ein und gestalten Sie den Innenraum. Anschließend überprüfen Sie den gesamten Raum von außen und innen, ob eventuell noch etwas zu verbessern oder zu verstärken ist. Dann gehen Sie so lange hinein und hinaus, bis Sie sicher sind, dass Sie sich jederzeit hierhin zurückziehen können, dass Ihnen der innere sichere Ort verlässlich zur Verfügung steht und dass er Sie immer, wenn Sie ihn aufsuchen, schützend aufnimmt.

■ **Schreibaufgabe:** Freudenbiografie (nach Kast, 1997) (Teil 2, S. 61)
Zweck: Die imaginative Verbindung mit frühen bewegenden Momenten kann Kindheitserlebnisse zutage fördern, die sonst nicht so leicht erinnert werden.
Zeit: 45 Minuten
Anmerkung: Freude ist eine Emotion, die vitalisiert, den Selbstwert spüren lässt, uns großzügig und solidarisch stimmt. Sie ist eine tragende, wärmende Ressource und ist ansteckend bis dahin, dass wir uns selbst an zurückliegenden Freuden wieder anstecken können, indem wir sie noch einmal mit allen Sinnen erleben. Oftmals hält uns die Furcht vor dem Neid anderer Menschen uns ab, unsere Freude offen zu zeigen. Doch können wir diese grundlegende Fähigkeit zur Freude

nutzen, beispielsweise in Form der schriftlichen Rekonstruktion der Freudenbiografie als Ausgleich zur einseitigen Darstellung des persönlichen Lebens mit seinen Schwierigkeiten. Mitunter ist das Erinnern freudvoller Emotionen von schmerzhaften Erfahrungen begleitet.
Anleitung: Bitte wählen Sie sich einen guten Platz und nehmen dort in bequemer meditativer Haltung Kontakt auf mit den Berührungspunkten Ihres Körpers mit dem Stuhl und mit dem Boden. Lassen Sie Ihren Atem fließen lassen, ohne ihn beeinflussen zu wollen, denn er trägt. Lassen Sie innere Bilder kommen aus einer lange zurückliegenden Zeit, in der Sie circa drei bis fünf Jahre alt sind. Spüren Sie hinein in eine Erfahrung und Situation tiefer Freude und erinnern Sie sich dabei, was Sie in diesem Alter als kleines Kind besonders bewegt hat. Vollziehen Sie diese freudvolle Bewegung jetzt noch einmal intensiv. Spüren Sie genau, was es für eine Situation ist, wo Sie sind, was Sie tun und erfahren. Was nehmen Sie wahr? Geräusche, Gerüche, Hautempfindungen? Wo sitzt Ihre Freude im Körper, vielleicht im Bauch, im Herzen? Wie spüren Sie Ihre Freude? Ist Ihnen wohlig warm oder vielleicht heiß? Wer ist außer Ihnen vor Ort und nimmt an Ihrer Freude teil? Oder sind Sie allein? Diese Freude, die Sie spüren, ist real, Sie bleibt in Ihnen!

Wie wird diese Erfahrung der Freude beendet? Können Sie es ausleben oder wird sie unterbrochen? Nehmen Sie Ihr inneres Bild mit in Ihren Atem hinein, kommen Sie in den Raum zurück und schreiben Sie ein Gedicht oder eine Geschichte.

■ **Schreibaufgabe:** Umgebung wahrnehmen (Teil 2, S. 57)
Zweck: Aufmerksamkeit fördern, Wahrnehmung sensibilisieren, Sinne aktivieren, Sensibilisierung für die aktuelle Situation
Zeit: 10 Minuten
Anmerkung: Meist wandern unser Gedanken in die Vergangenheit oder Zukunft. Was ist als Nächstes zu tun? Hätte ich doch nur …! In der aktuellen Gegenwart verweilen wir eher nur kurz. Aufmerksamkeitsübungen leiten dazu an, bewusst und bis in kleine Details hinein mit allen Sinnen zu spüren. Diese Wahrnehmungen und Beobachtungen sind wertvolles Schreibmaterial, beispielsweise um Situationen darzustellen, Empfindungen nachfühlbar zu beschreiben oder Personen zu charakterisieren.

Anleitung: Bitte nehmen Sie sich täglich einige Minuten, maximal zehn Minuten, Zeit, um den Ort, an dem Sie sich dann gerade aufhalten, so genau wie möglich zu beschreiben. Nutzen Sie alle Sinne, notieren Sie auch kleine Details, die Sie wahrnehmen, und datieren Sie Ihre Aufzeichnungen.

■ **Schreibaufgabe:** Flug über mein Leben (Teil 2, S. 63 f.)
Zweck: Biografiearbeit aus einer eingenommenen Metaperspektive
Zeit: mindestens 30 Minuten
Anleitung: Bitte richten Sie Ihre Aufmerksamkeit auf Ihren Atem und nehmen Sie das Ein- und Ausatmen bewusst wahr. Stellen Sie sich vor, Sie könnten fliegen und flögen ganz selbstverständlich über die Lebensphase oder Lebenssituation Ihrer Biografie. Wie eine Landschaft läge Ihr Leben unter Ihnen. Wie sähe das aus, über welchen Regionen schweben Sie? Was entdecken Sie? Was betrachten Sie genauer? Wo möchten Sie verweilen, und was begegnet Ihnen hier? Schauen Sie sich genau um: Welche Jahreszeit, welches Wetter, welche Tageszeit ist gerade? Wer ist zu sehen? Was passiert hier gerade?

Beenden Sie behutsam Ihren Flug und landen Sie wieder sanft auf der Erde. Was bringen Sie von Ihrem Flug mit? Atmen Sie noch einmal bewusst ein und aus, kommen Sie in den Raum zurück und schreiben Sie Ihre Erfahrungen in einer frei gewählten Form auf.

Ausgewählte Konzepte und Schreibprogramme

Expressives Schreiben nach James Pennebaker (2010)

In den 1980er Jahren entwickelte James Pennebaker ein forschungsgestütztes Schreibverfahren, um traumatische Erfahrungen und emotionale Krisen zu bearbeiten, Belastungen selbstwirksam zu begegnen und Verhaltensänderungen oder Arbeitsfähigkeit zu fördern. Interkulturelle Untersuchungen zeigten, dass expressives Schreiben in jeder Sprache, unabhängig davon, ob es sich dabei um die Muttersprache handelt, wirksam ist. Auch der jeweilige Bildungsgrad machte keinen Unterschied (Horn u. Mehl, 2010).

Wenig wirksam und eventuell kontraindiziert ist diese Methode unmittelbar nach einem traumatischen Ereignis. Auch weist Pennebaker ausdrücklich darauf hin, dass das Geschriebene vertraulich beim schreibenden Menschen bleibt, denn das Vorlesen der persönlichen Texte vor einer Gruppe verstärke die Symptome. Inzwischen wurde das expressive Schreiben auch als Onlinemethode untersucht (Klasen, 2010).

Anleitung: Bitte schreiben Sie an vier möglichst aufeinander folgenden Tagen jeweils mindestens 20 Minuten an einem Ort, der Ihnen ein Gefühl von Trost und Sicherheit gibt und den Sie jeden Tag auf die gleiche Art und Weise herrichten. Schreiben Sie möglichst jeden Tag zur gleichen Uhrzeit und nehmen Sie sich anschließend etwas Zeit zum Reflektieren. Schreiben Sie also kontinuierlich, sollten Sie im Thema stocken, schreiben Sie einfach über ein anderes Thema weiter. Sie schreiben nur für sich selbst.

Sie sollten sich darauf einstellen, dass Sie sich eventuell kurz nach dem expressiven Schreiben traurig oder niedergeschlagen fühlen, besonders an den ersten beiden Tagen. Das ist normal, ähnlich wie nach dem Anschauen eines traurigen Films.

Hinweise zum Schreibstil: Gestehen Sie Ihre Gefühle möglichst offen ein. Machen Sie aus dem Erlebten eine zusammenhängende Geschichte, wechseln Sie dabei die Perspektiven. Finden Sie Ihre Stimme. Tippen Sie oder schreiben Sie per Hand.

Wenn Sie beim Schreiben Angst bekommen oder spüren, dass es Sie zu sehr mitnimmt, lassen Sie es sein. Wenn Sie das Gefühl haben, dass irgendetwas dazu führen könnte, dass Sie ausflippen, schreiben Sie über etwas anderes.

Hinweise zum Schreiben: Stellen Sie sich das expressive Schreiben als eine Art Ritual vor. Beginnen Sie mit einem emotional belastenden Erlebnis, das Sie bis heute beschäftigt, folgen Sie Ihrem inneren Wegweiser. Vertrauen Sie der Richtung, die Ihr Schreiben nimmt. Lassen Sie schlafende Hunde ruhen! Schreiben Sie nur über Traumata, die Ihnen bewusst sind. Bewahren Sie Ihre Texte an einem sicheren Ort auf. Sie sind ausschließlich für Sie bestimmt und nicht für andere Menschen.

Durchführung (Anleitung in verkürzter Form):
Erster Tag: Schreiben Sie heute Ihre tiefsten Gedanken und Gefühle

zu Ihrer belastenden/traumatischen Erfahrung auf, die Ihr Leben am meisten beeinflusst hat, und loten Sie das Ereignis in all seinen Auswirkungen auf Ihr Leben aus. Wenn Sie möchten, können Sie schon damit beginnen, das Ereignis mit anderen Bereichen Ihres Lebens zu verknüpfen.
Gedanken nach dem Schreiben: Beantworten Sie bitte schriftlich die folgenden Fragen mit einer Zahl zwischen 0 (gar nicht) bis 10 (sehr)

- In welchem Maß haben Sie Ihre tiefsten Gedanken und Gefühle zum Ausdruck gebracht?
- In welchem Maß fühlen Sie sich jetzt traurig oder aufgewühlt?
- In welchem Maß fühlen Sie sich jetzt glücklich?
- In welchem Maß war das heutige Schreiben wertvoll und bedeutsam für Sie?
- Beschreiben Sie kurz mit ein paar Zeilen, wie das Schreiben heute für Sie gelaufen ist.

Zweiter Tag: Betrachten Sie heute Ihre Gedanken und Gefühle zu dem belastenden Ereignis genauer. Sie können über das gleiche Thema wie gestern schreiben oder ein anderes wählen. Versuchen Sie das Ereignis noch stärker zu möglichst vielen Bereichen Ihres Lebens in Beziehung zu setzen, um zu erkennen, wie es Ihr Leben beeinflusst (hat). Sie können auch darüber schreiben, inwieweit Sie selbst für einige der Auswirkungen verantwortlich sind.
Gedanken nach dem Schreiben: Siehe erster Tag.

Dritter Tag: Heute, am vorletzten Tag Ihres Schreibprojekts, haben Sie noch einmal die Gelegenheit, Ihre tiefsten Gedanken und Gefühle zu dem belastenden Ereignis ausgiebig zu beschreiben. Konzentrieren Sie sich dabei auf die Aspekte, die Sie in Ihrem Leben am meisten beeinflussen. Wenn Sie über dasselbe Thema wie in den vorigen Tagen schreiben, dann betrachten Sie es von unterschiedlichen Perspektiven und Standpunkten aus. Erlauben Sie sich heute auch, vor allem die Bereiche anzusprechen, in denen Sie sich besonders verletzlich fühlen.
Gedanken nach dem Schreiben: Siehe erster Tag. Vergleichen Sie, was Sie an den drei Tagen geschrieben haben. Was davon scheint Ihnen besonders wichtig zu sein? Was hat Sie überrascht? Hat Sie in der Zeit nach dem Schreiben etwas beschäftigt?

Vierter Tag: Loten Sie heute, am letzten Tag, Ihre Gefühle und Gedanken zu dem Sie belastenden Ereignis so tief wie möglich aus. Treten Sie innerlich einen Schritt zurück und betrachten Sie die Ereignisse, Themen, Gedanken und Gefühle, die Sie in Ihren Texten offenbart haben. Schließen Sie mögliche Lücken und versuchen Sie, Dinge anzusprechen, die Sie bisher noch nicht erwähnt haben. Was haben Sie durch die emotional aufwühlenden Ereignisse verloren, gewonnen, dazugelernt? Wie werden sich diese Ereignisse auf Ihre zukünftigen Gedanken und Handlungen auswirken? Seien Sie ehrlich mit sich selbst. Setzen Sie alles daran, Ihre Geschichte zu einer zu verbinden, die Sie in die Zukunft mitnehmen können.
Gedanken nach dem Schreiben: Siehe erster Tag.

Rückblick: Blicken Sie, wenn Sie mögen, anschließend auf Ihre Texte und die Skalierungen zurück, jedoch frühestens nach drei Tagen.

Schreibritual von Onno van der Hart (1993)
Ende der 1970er Jahren entwickelte der Psychotherapeut Onno van der Hart im Rahmen seiner Arbeit mit Menschen, die Verlustsituationen durchlebt oder traumatischen Erfahrungen gemacht haben, dieses zeitlich unbegrenztes Schreibritual. Ziel war es, ein »Privatdrehbuch zu entwickeln, um […] [den] Verlust zu verarbeiten und Abschied oder Abstand zu nehmen« (van der Hart, 1993, S. 12).

Diese Form des (therapeutischen) Abschiedsrituals ist ein Übergangsritual (»rites de passage«, van Gennep, 1909), ein geordnetes Ganzes mit symbolischen Handlungen. Negative oder belastende Bilder, die in biografischen Erzählungen Gestalt gewonnen haben, können in positive oder weniger belastete Bilder rekonstruiert werden. Im Rahmen dieser Veränderung des subjektiven Erlebens verbessern und verändern sich auch die sozialen Beziehungen.

Anleitung:
Neuordnungsphase: Bitte schreiben Sie täglich nieder, was Sie der betreffenden Person noch zu sagen haben. Tun Sie dies zu festen Zeiten und an einem bestimmten Ort, eventuell mit einem Symbol, das Sie mit dem angeschriebenen Menschen verbindet. Die Erfahrungen, die

Sie dabei sammeln, können bzw. sollten Sie mit einem vertrautem Menschen (Therapeutin, Freund, Schreibpädagogin, Coach) besprechen. Der Brief wird die gesamte Zeit an einem Ort aufbewahrt, der nur Ihnen zugänglich ist. Führen Sie den Schreibprozess so lange fort, bis Sie das Gefühl haben, alles gesagt zu haben

Abrundungsphase: Nehmen Sie feierlich von dem Brief und von eventuell eingesetzten Symbolen Abschied, beispielsweise mittels Verbrennen, Vergraben, Versenken als eine Form der Transformation. Dieses Abstandnehmen von der Materie symbolisiert den Abschied von der angeschriebenen Person oder von den angeschriebenen Erlebnissen.

Wiedervereinigungsphase: Nehmen Sie anschließend Kontakt mit einem oder mehreren Ihnen bedeutsamen Menschen auf. Machen Sie sich damit wichtige Beziehungen in Ihrer aktuellen Lebensphase deutlich.

Morgenseiten von Julia Cameron (1996)
Auf dem Hintergrund ihrer persönlichen spirituellen Erfahrungen entwickelte Julia Cameron ein Konzept zur Entwicklung und Erweiterung der persönlichen Kreativität. Zu diesem Zwölf-Wochen-Programm gehören unter anderem die »Morgenseiten«, die täglich zu schreiben sind. Sie können sowohl als eine Art Meditation eingesetzt werden wie auch zur »Gehirnentleerung« (S. 34).

Anleitung: Bitte schreiben Sie jeden Morgen sofort nach dem Aufwachen drei Seiten. Lassen Sie keinen Morgen aus! Verwenden Sie dabei keine Abkürzungen. Folgen Sie Ihrem Gedankenstrom unabhängig davon, in welcher Stimmung Sie gerade sind. Es gibt keine falsche Art, die Morgenseiten zu schreiben, denn es sind tägliche persönliche Morgenspaziergänge und sind nicht zur Veröffentlichung bestimmt. Schreiben Sie auf, was immer Ihnen in den Sinn kommt. Alles hat seine Berechtigung. Diese Gedankenwirbel stehen zwischen Ihnen und Ihrer Kreativität.

Lassen Sie niemanden Ihre Morgenseiten lesen und lesen auch Sie sie in den ersten acht Wochen nicht. Wenn Ihr innerer Zensor sich meldet, schreiben Sie seine Aussagen auf. So kommen Sie ihm auf die Schliche. Da Sie bei den Morgenseiten nichts verkehrt machen können, hat er keinen Einfluss, auch wenn er sich immer wieder einzuschalten versucht. Sollte Ihnen nichts einfallen, schreiben Sie dies auf und Ihr Gedankenstrom wird weiterfließen. »Warum schreiben Sie Morgenseiten? – Um auf die andere Seite zu kommen« (S. 38).

Methoden der Reflexion und Überprüfung

Feedback als Echo

Feedback geben und erhalten hat eine wichtige Funktion als Werkzeug zur Selbsterforschung und Selbstreflexion. Das Feedback schafft Öffentlichkeit. Das braucht Mut, denn es macht verletzlich. Deshalb gilt der Grundsatz: Es gibt keine Texte, die richtig oder falsch sind, sie werden nicht bewertet. Das bedeutet, dass Autorinnen und Hörer gleichermaßen Verantwortung tragen, und dazu müssen beide Seiten die Techniken des Feedbacks kennen und sich darüber verständigen, wie sie angewendet werden sollen.

Es gibt unterschiedliche Formen des Feedbacks. Für den ressourcenorientierten Ansatz des systemischen Schreibwirkmodell geht es in der Regel um den dynamischen Dialog mit den anderen. Die fremde Perspektive zu einem Text hilft bei der Überarbeitung. Die Interaktion zeigt einen Weg zur Annäherung oder zur Distanzierung. Jeder Perspektivenwechsel ist wieder ein neuer Impuls. Als hilfreiches Regelwerk bietet sich das Vorgehen von Peter Elbow und Pat Belanoff (1989) an.

Die Paradoxien des Feedbacks lauten ihnen zufolge:[5]

1. Der Leser hat immer recht und der Autor hat immer recht. Der Leser muss für sich selbst entscheiden, was der Text mit ihm macht, welche Gedanken und Gefühle er auslöst. Der Leser hat recht, es hat wenig Sinn, darüber zu streiten, was er erlebt. Der Autor wiederum muss für sich selbst entscheiden, was er von der Rückmeldung annimmt. Es besteht allerdings keine Verpflichtung, den Anregungen zu folgen.

---

5 Freie und gekürzte Übersetzung des Originaltextes nach Peter Elbow und Pat Belanoff (1989), modifiziert nach Christof Zirkel (2010).

2. Der Autor hat die Text- und Feedbackverantwortung und sollte gelassen bleiben. Er ist nicht passiv und hilflos. Das Hauptziel ist, den Text mit anderen zu teilen. Der Autor muss entscheiden, welche Art von Feedback ihm wichtig ist. Dann sollte er sich zurücklehnen und zuhören. Er erklärt nicht, wenn der Text falsch verstanden wird. Missverständnisse sind Impulse zur Arbeit am Text.
   Der Autor gesteht seinen Leserinnen zu, eine andere Feedbackform zu wählen, wenn sie die von ihm gewählte unpassend finden. Er kann stets nach weiteren Rückmeldungen fragen.

Folgende Feedbackarten nennen Elbow und Belanoff (1989):

Nicht antworten, sondern teilen
So geht es: Lies deine Worte laut vor und höre, wie sie klingen.
Wann es sinnvoll ist: Wenn der Text noch ganz frisch ist und du gerade erst dabei bist, etwas zu entdecken. Oder wenn wenig Zeit ist und dein Text fertig ist. Dann ist es Zeit, den Text zu feiern und ihn einfach nur mit anderen zu teilen.

Spiegeln
So geht es: Bitte deine Leser: »Sag mit deinen eigenen Worten, was ich mit diesem Text sage. Sag es aber mehr als Frage denn als eine Antwort – um mich einzuladen herauszufinden, worum es mir wirklich geht.«
Wann es sinnvoll ist: Zu Beginn eines Textes, wenn du dich vorwärts tastest und vielleicht noch nicht auf den Punkt gekommen bist. Wenn die Leser sagen, was sie gehört haben, führt das oft genau zu dem, was du ausdrücken wolltest.

Herauspicken
So geht es: Frage deinen Leser, welche Wörter oder Sätze im Kopf geblieben sind. Welche Besonderheiten mochtest du am liebsten, aber erkläre nicht, warum.
Wann es sinnvoll ist: Wenn du wissen möchtest, was hängen bleibt. Oder wenn du ein bisschen Unterstützung brauchst.

Beinahe Gesagtes, Mitschwingendes

So geht es: Frage deinen Leser/Hörerin: »Was habe ich beinahe gesagt? Was schimmert durch? Worüber würdest du gern mehr hören?«

Wann es sinnvoll ist: Wenn du neue Ideen brauchst oder einen Text ausbauen möchtest. Wenn du das Gefühl hast, der Text ist nicht interessant genug. Wenn dir der Text wichtig ist, versuche dir ein Feedback über Nichtgesagtes zu holen.

Selbst- und Prozessevaluation

Zur systematischen Weiterentwicklung des kreativen Schreibens und für dessen Wirksamkeitsnachweis halten wir es für unverzichtbar, die Schreibinterventionen ebenso wie die Schreibprozesse zu evaluieren. Dazu stellen wir zwei Prototypen vor, die uns als Grundlage dienen, daraus abgewandelt jeweils gezielte Fragebögen für unsere einzelnen Veranstaltungen zu erstellen.

Evaluation 1: Methodenreflexion

1. Quelle
2. Ziel der Übung
3. Persönliche Bedeutsamkeit der Methode im Ranking auf einer Skala von 1 (für mich unbedeutend) bis 10 (für mich optimal)

   persönlich 1__2__3__4__5__6__7__8__9__10

   Gruppenverteilung 1__2__3__4__5__6__7__8__9__10

4. Persönliche Bedeutsamkeit der Methode im Kontext meines Schreibprozesses: Zustimmung, Zweifel, Erkenntnis (z. B. im Hinblick auf Inhalt und Stil des eigenen Textes)
5. Einsatzmöglichkeiten, -ideen
6. Wo würde ich die Methode nicht einsetzen?
7. Persönlich relevante Aspekte von Resonanz, Auswertung, Feedback (Feedbackwunsch, weiterführende Gedanken)

Evaluation 2: Belastungs- und Selbstachtsamkeitsscore zur Prozessevaluation
Persönliches Passwort (bei anonymer Befragung):
Datum:

Abschnitt 1: Bitte skalieren Sie vor Beginn des Schreibtreffens.

Befindlichkeit
(bezogen auf die Belastung im Arbeitsalltag)

0	1	2	3	4	5	6	7	8	9	10

könnte nicht schlechter sein könnte nicht besser sein

Selbstachtsamkeit
(bezogen auf individuelle Bewältigungsstrategien)

0	1	2	3	4	5	6	7	8	9	10

könnte nicht schlechter sein könnte nicht besser sein

Abschnitt 2: Bitte skalieren Sie am Ende des Schreibtreffens.

Befindlichkeit
(bezogen auf die Belastung im Arbeitsalltag)

0	1	2	3	4	5	6	7	8	9	10

könnte nicht schlechter sein könnte nicht besser sein

Selbstachtsamkeit
(bezogen auf individuelle Bewältigungsstrategien)

0	1	2	3	4	5	6	7	8	9	10

könnte nicht schlechter sein könnte nicht besser sein

Literaturempfehlungen

Aaron Antonovsky, Alexa Franke (1997). Salutogenese. Zur Entmystifizierung der Gesundheit. Tübingen: dgvt.
Aaron Antonovsky beschäftigt sich weniger mit der Frage nach Krankheitsursachen, sondern fragt vielmehr: Was hält einen Menschen gesund? Der von ihm entwickelte Ansatz der Salutogenese bildet die Grundlage der aktuellen Resilienzforschung (Welter-Enderlin u. Hildenbrand, 2006). Alexa Franke hat sein Hauptwerk »Health, stress and coping« (1979) übersetzt und diesen Klassiker den deutschsprachigen Leserinnen zugänglich gemacht.

Susanne Bach, Elmar Schenkel (Hrsg.) (1998). Creative Writing – Kreatives Schreiben. Berichte aus den Bereichen Schule, Volkshochschule, Universität, Psychotherapie und Journalismus. Eggingen: Edition Isele.
Der Untertitel steckt die Einsatzbereiche des kreativen Schreibens als federführende Bewegung ab, die im internationalen Vergleich von Deutschland, den USA und Großbritannien exemplarisch vorgestellt werden, ergänzt durch einen historischem Abriss, Praxis- und Literaturbeispiele sowie viele weiterführende Literaturhinweise. Auch wenn dieser Reader nicht mehr der aktuellste ist, bietet er doch eine grundlegende, einführende Zusammenstellung in praktische Anwendungsfelder und Anregungen zur Umsetzung.

Mike Barowski (1997). Das professionelle 1x1. Textgestaltung. Berlin: Cornelsen.
Wer nun praktische Hinweise und konkretes Wissen zum beruflichen Schreiben oder zum Schreibcoaching sucht, findet in diesem Buch eine Fülle erprobter Herangehensweisen für gezielte interne und externe Kommunikationsmaßnahmen. Methoden des kreativen Schreibens finden sich in zielorientierten Übungen und Praxiseinblicke illustrieren deren konkrete Einsatzmöglichkeiten.

Kristin Draheim, Franziska Liebetanz, Stefanie Vogler-Lipp (Hrsg.) (2012). Schreiben(d) lernen im Team. Ein Seminarkonzept für innovative Hochschullehre. Wiesbaden: Springer Fachmedien.
Kreatives Schreiben in die Institutionen! An der Europa-Universität Viadrina, Frankfurt an der Oder, wird Schreiben als Schlüssel- und Teamkompetenz ernst genommen und in diesem Buch als interdisziplinäres Modellprojekt interkultureller Teamentwicklung vorgestellt. Von der Schreibdidaktik für internationale Schreibgruppen und kreatives Schreiben für international Studierende, Schreibteamarbeit und Lehrveranstaltungen über wissenschaftliches Schreiben bis zu Textbeispielen der Abschlusslesung werden Mut machende Projektergebnisse mit Hinweisen zur Adaption in weitere Praxisfelder aufgeführt.

Duden (2006). Das Herkunftswörterbuch. Etymologie der deutschen Sprache. Bd. 7. Mannheim u. a.: Bibliographisches Institut.
Zur Herkunft eines Wortes und zu seinem historischen Bedeutungswandel finden sich hier wissenswerte Erklärungen. Auch Redewendung werden entsprechend erklärt. Wer Schreibaufgaben entwickelt, findet hier spannende Anregungen.

Karl Ermert, Olaf Kutzmutz (Hrsg.) (2005). Wie aufs Blatt kommt, was im Kopf steckt. Über Kreatives Schreiben. Wolfenbüttel: WAT.
Ein Tagungsbericht, der Interessierten wie Schreiberfahrenen eine Bestandsaufnahme des kreativen, journalistischen, literarischen und wissenschaftlichen Schreibens aus dem Jahr 2003 bietet. Hier werden bildungs-, kulturpolitische und zukünftige Perspektiven einbezogen, eine Didaktik des kreativen Schreibens diskutiert und bis heute praxisrelevante Aspekte aus unterschiedlichen Fachbereichen beleuchtet. Als Einführungsliteratur empfohlen!

Fritz Gesing (2010). Kreativ schreiben. Handwerk und Techniken des Erzählens. Köln: Dumont.
Wer seine Texte weiterbearbeiten und sich ausführlicher mit dem handwerklichen Anteil des Schreibens auseinandersetzen möchte, dem sei dieses Buch empfohlen. Es führt mit vielen praktischen Hinweisen in das literarische Schreiben ein und gibt konkrete Anregungen zur Lösung von Schreibproblemen.

Katrin Girgensohn, Ramona Jakob (2010). 66 Schreibnächte. Anstiftung zur literarischen Geselligkeit. Hohengehren, Baltmannsweiler: Schneider.
Dies ist ein umfangreiches Praxisbuch für Menschen, die Lust haben, in der Gruppe zu schreiben. Die Autorinnen vermitteln das Abenteuer gemeinsamer kreativer Prozesse und vermitteln mit der Lebendigkeit, die entsteht, wenn viele Stifte in Bewegung sind. Zu jeder der von ihnen durchgeführten Schreibnächte geben sie ausführliche Arbeitsanweisungen mit Arbeitsblättern als Kopiervorlage. Eine Fundgrube!

Onno van der Hart (1982). Abschied nehmen. Abschiedsrituale in der Psychotherapie. München: Pfeiffer.
Inzwischen ist dieses Buch zum Klassiker in der Psychotherapie avanciert und sollte ebenso im Kontext des therapeutischen Schreibens Aufmerksamkeit finden. Der Autor schlägt einen Bogen von der Ritualforschung über den Gebrauch von Symbolen und Metaphern hin zu einem Schreibritual, dem fortlaufenden Brief, der das Von-der-Seele-Schreiben therapeutisch einsetzt und mit Praxisbeispielen einlädt, schreibend eigene Beziehungen zu bearbeiten, traumatische Erfahrungen zum Ausdruck zu bringen und daneben erforderliche Anpassungsleistungen an veränderte Lebenssituationen leichter erbringen zu können.

Silke Heimes (2009). Kreatives und therapeutisches Schreiben. Ein Arbeitsbuch. Göttingen: Vandenhoeck & Ruprecht.
Ausgehend von der heilenden Wirkung des Schreibens und dessen Wirkung auf die Persönlichkeitsentwicklung gibt die Autorin eine Einführung in die Poesietherapie. Eine Fülle von Schreibübungen zur Belebung der Wahrnehmungs- und Erlebnisfähigkeit regen zu einer Entdeckungsreise zu sich selbst an.

Silke Heimes (2012). Warum Schreiben hilft. Wirksamkeitsnachweise zur Poesietherapie. Göttingen: Vandenhoeck & Ruprecht.
Die Autorin trägt in diesem Grundlagenwerk wissenschaftliche Beweise zur heilsamen Wirkungen des Schreibens in zahlreichen Untersuchungen zusammen. Sie bestätigen, dass man schreibend schwierige Lebensereignisse besser verarbeitet, sein Gehirn trainiert,

seine Leistung steigert, sich und andere besser versteht. Schreiben erweist sich als Therapie und als Selbsthilfe, denn es trägt dazu bei, das Gefühlsleben zu sortieren und die soziale Kompetenz zu stärken.

Silke Heimes, Petra Rechenberg-Winter, Renate Haußmann (Hrsg.) (2013). Praxisfelder des kreativen Schreibens. Göttingen: Vandenhoeck & Ruprecht.
Dieser Sammelband ausgewählter Masterarbeiten der Hochschulen in Hamburg und Berlin bietet einen ersten Überblick über aktuelle Forschungsprojekte. Auf gesellschaftlich relevante Fragen werden wissenschaftlich fundierte Antworten gegeben, die mit den Methoden des kreativen und therapeutischen Schreibens erprobt und belegt sind. Das Buch gibt damit einen ersten Überblick über Einsatzmöglichkeiten im Beratungskontext, im pädagogischen Feld, in der Lehre, in Selbsterfahrung und Selbstcoaching und lädt ein, kreatives Schreiben mit der eigenen Profession zu verbinden und weitere Einsatzmöglichkeiten zu erschließen.

Ursula Krechel (2010). In Zukunft schreiben. Handbuch für alle, die schreiben wollen. Salzburg u. Wien: Jung und Jung.
Dieses Buch ist eine verlockende Einladung, den Wörtern und Sätzen, die sich melden und ein Text werden möchten, zu folgen. In mitunter poetischer Sprache geht die Autorin dem »Glück des Beginnens« nach oder nutzt »Worte und Laute als sinnlich wahrnehmbare Ereignisse«. Sie spielt mit »Klang und Wohlklang« und hält gleichermaßen technische Hinweise bereit. Sie widmet sich den kaum ausbleibenden Schreibblockaden sowohl mit präventiven Hinweisen als auch mit konkreten Vorschlägen, wenn das Schreiben stockt. Und sie regt an, über das eigene Schreibbedürfnis sowie die eigene Rolle als Schreibende nachzudenken.

Hanns-Josef Ortheil (2012). Schreiben auf Reisen. Wanderungen, kleine Fluchten und große Fahrten – Aufzeichnungen von unterwegs. Mannheim u. Zürich: Bibliographisches Institut.
Jede Reise ist ein Ausnahmezustand, neues (Selbst-)Erleben in fremder Umgebung und voller aufregender Entdeckungen. Der Autor befragt die große Reiseliteratur, was Schreibanfänger von ihr lernen

können an Haltung, Blick und Methoden und wie es schreibend gelingen kann, sich mit dem Fremden zu verbinden. Von Vorübungen im alltäglichen Umfeld über das Schreiben für sich selbst und an andere bis hin zu Reiseprojekten und Schreiben nach der Reise bietet er gezielte Schreibanregungen. Reisen wird zur »gestalteten Erfahrung«.

James W. Pennebaker (2010). Heilung durch Schreiben. Ein Arbeitsbuch zur Selbsthilfe. Bern: Huber.
Sechs Jahr nach der englischen Originalausgabe lag dieses Konzept des expressiven Schreibens endlich in deutscher Übersetzung vor. In zwei Teile gegliedert, wird einmal ein viertägiges Selbsthilfeprogramm vorgestellt, um traumatische oder belastende Erlebnisse mit den zugrunde liegenden Konflikten, Stresssituationen oder schmerzlichen Erfahrungen zu bearbeiten. Anschließend geht es ums experimentierende Schreiben, wenn es gilt, Schreibblockaden mit den Methoden des Bewusstseinsstroms und dem halbautomatischen Schreibens tatkräftig zu begegnen und der Kraft des kreativen Schreibens mit Experimenten in Lyrik, expressiven Malen und Schreiben in (selbst-) therapeutischen Prozessen zu vertrauen.

Anna Platsch (2010). Schreiben als Weg. Von der kreativen Kraft des Wortes. Bielefeld: Theseus.
Die Autorin charakterisiert kreatives Schreiben als »Reise in das Innere des Wortes« und das eigene Innere. Dafür bietet sie erprobtes Handwerkszeug, um zur eigenen Sprache zu gelangen, und lädt in sensibler Weise mit gezielten Schreibübungen schrittweise ein, die eigene Biografie zu durchwandern, Erlebnisse aus neuer Perspektive zu betrachten und Worten in ihrer existenziellen Dimension nachzuspüren. Die Autorin versteht Schreibprozesse, so wie sie diese wertschätzend anleitet, als »Friedensarbeit und Selbstermächtigung« und verbindet sie mit meditativen Elementen.

Gabriele L. Rico (1999). Von der Seele schreiben. Im Prozess des Schreibens den Zugang zu tief verborgenen Gefühlen finden. Paderborn: Junfermann.
Ausgehend von ihren eigenen selbsttherapeutischen Erfahrungen greift die Autorin des Clusterings diese Methode auf und ergänzt sie

mit intuitiven Wortfiguren. Das sind grafische Darstellung erlebter Gefühle und Erinnerungen. Ricos Ziel, die Energie des Schmerzes in konstruktive Tätigkeiten fließen zu lassen, verfolgt sie konsequent mit erprobten Übungen und bietet damit einen Leitfaden zur individuellen Auseinandersetzung mit biografischem Material.

Gabriele L. Rico (2004). Garantiert schreiben lernen. Reinbek: Rowohlt.
Rico hat das Clustering entwickelt. Ihr Buch ist eine Schatzkiste von Impulsen und Anregungen zum Schreiben. Im theoretischen Teil erklärt sie das neurophysiologische Zusammenspiel beider Gehirnhälften in Schreibprozessen, verbindet es mit frühen Kindheitsmustern und leitet daraus das Clustering ab. Zu dieser Methode bietet sie eine umfangreiche Übungssammlung mit konkreten Hinweisen zur späteren Überarbeitung der entstandenen Texte. Eine zentrale Aussage der Autorin ist: Wenn Menschen ihrer linken Hirnhälfte den Zugang zu den besonderen Talenten der rechten eröffnen, dann können sie ihr kreatives Potenzial verwirklichen und nicht nur im Schreiben ihre individuellen Ausdrucksmöglichkeiten erweitern. Es gelingt ihnen, ihr Leben ideenreicher zu gestalten.

Jürgen vom Scheidt (2003). Kreatives Schreiben. Texte als Wege zu sich selbst und zu anderen. Frankfurt a. M.: Fischer.
Der Autor nutzt in diesem Buch das kreative Schreiben gezielt zur kontinuierlichen Selbsterfahrung. Mittels Vorlesen und Feedback bezieht er die Reaktion der Gruppe als Koautor in den persönlichen Entwicklungsprozess ein. Auf der Basis der Themenzentrierten Interaktion (TZI) stellt er den Prototyp einer Schreibwerkstatt eindrücklich vor.

Ulrike Scheuermann (2009). Wer reden kann, macht Eindruck – wer schreiben kann, macht Karriere. Ein Schreibfitnessprogramm für mehr Erfolg im Job. Wien: Linde.
Dieses Buch zeigt systematisch Wege aus Schreibschwierigkeiten hinein in einen Prozess lustvollen Schreibens. Im Fokus steht das berufliche Schreiben, zu dem die Autorin unkompliziert und praxisnah berät und motiviert. Sie stellt gut ausgearbeitete Vorlagen zu den einzelnen Prozessschritten zur Verfügung.

Sol Stein (2010). Über das Schreiben (2. Aufl.). Frankfurt a. M.: Zweitausendeins.
Zur Textüberarbeitung, wie man einen »verunglückten Text repariert« oder einen guten Text verbessert, für Schreibanfänger wie für Profis bietet der Autor in diesem Klassiker (Erstausgabe 1995 bei St. Martin's Press, New York) (un-)geschriebene Regeln, Techniken und Tricks des Schreibens. Mit Literaturbeispielen führt er zum interessanten, spannungsreichen Text und weist fundiert in Perspektivwahl und Erzähltechniken ein – und das gleichermaßen kurzweilig wie anspruchsvoll.

Thomas Steinfeld (2010). Der Sprachverführer. Die deutsche Sprache: Was sie ist, was sie kann. München: Hanser.
Hier werden Ausdrucksmöglichkeiten der deutschen Sprache im historischen Ablauf aufgestöbert, um die Welt in Sätze zu fassen und Erfahrungen virtuos in Schreiben umzusetzen. Seine unkonventionelle Stilkunde legt der Autor anhand einer umfangreichen Literaturauswahl vor und macht Lust darauf, dem Sprachklang, Rhythmus und der Lebendigkeit unserer Sprache nachzuspüren, um sie selbst ausdruckskräftig und elegant einzusetzen.

A. M. Textor (2000). Sag es treffender. Ein Handbuch mit 25.000 sinnverwandten Wörtern und Ausdrücken für den täglichen Gebrauch. Reinbek: rororo.
Wenn die Worte ausgehen, das Schreiben ins Stocken gerät oder die Formulierungskunst an ihre Grenzen stößt, finden sich in diesem Buch zu allen umgangssprachlichen Begriffen weiterführende Synonyme. Und schon wächst das persönliche Sprachrepertoire.

Klaus W. Vopel (2006). Schreibwerkstatt 2. Eine Anleitung zum kreativen Schreiben für Lehrer, Schüler und Autoren. Salzhausen: iskopress.
Mehr als hundert Schreibaufgaben ermutigen zum kreativen Schreiben von Alltagserlebnissen, Körperwahrnehmungen, Gefühlen, Phantasien und Intuition. Sind sie auch in erster Linie für den Deutschunterricht gedacht, so lassen sie sich doch Dank ihrer ausführlichen Anleitungs- und Auswertungshinweisen ebenso auf andere Anwendungsfelder übertragen. Ein stattliches Sortiment regt zur spielerischen Übersetzungen in den eigenen Tätigkeitsbereich an.

Lutz von Werder (2007). Lehrbuch des Kreativen Schreibens. Wiesbaden: Marix Verlag.
Dieses Grundlagenwerk informiert über die Geschichte der Schreibbewegung in den USA und Deutschland, zeigt wissenschaftliche Zugänge zum kreativen Schreiben auf und stellt im Praxisteil einen weiten Überblick zu Techniken und Methoden des kreativen Schreibens her. Er erläutert vielfältige Schreibübungen, um sie mit konkreten Hinweisen auf die Anwendungsbereiche zu verbinden. Der Poesiepädagogik ist ein eigener Teil gewidmet.

Lutz von Werder (2009). Erinnern, Wiederholen, Durcharbeiten. Die eigene Lebensgeschichte kreativ schreiben. Berlin: Schibri.
Dieses Buch ist ein Berater für die schreibende Auseinandersetzung mit der eigenen Biografie. Als Arbeitsbuch führt es begründet und gut strukturiert durch diverse Lebenssituationen mit identitätsstärkenden Schreibübungen. Es bietet Checklisten zu deren gezielten Einsatz und zur Textbearbeitung bis hin zur Transformation autobiografischer Erlebnisse in literarische Texte. Gezielt weist der Autor darauf hin, wie Schreibstörungen begegnet werden kann, und gibt darüber hinaus Tipps zur Veröffentlichung eigener Texte.

Lutz von Werder, Barbara Schulte-Steinicke (2008). Schreiben von Tag zu Tag. Wie das Tagebuch zum kreativen Begleiter wird. Ein Handbuch für die Praxis. Mannheim: Walter.
Das Tagebuch als Weg zur Selbstfindung und persönlichen Entwicklung – dafür bietet das Buch eine Fülle von Anregungen. In Form eines Tagebuchs aufgebaut, beschreibt es Schreibtechniken zur kontinuierlichen täglichen Auseinandersetzung und stellt verschiedene Herangehensweisen vor, zum Beispiel als literarisches Tagebuch, als selbsttherapeutischer Zugang und als philosophisches Tagebuch. Wenn das Schreiben selbst zum Problem wird, finden sich wertvolle Übungen und tröstliche literarische Beispiele. Und auch wer eine Gruppe für Tagebuchschreibende gründen möchte, wird dabei mit großer Praxiserfahrung angeleitet.

Literatur

Ahrendt, H. (1975). Men in the Dark Times. Boston: Houghton Mifflin Harcourt.

Allport, G. W. (1959). Persönlichkeit. Struktur, Entwicklung und Erfassung der menschlichen Eigenart (2. Aufl.). Meisenheim a. Gl.: Beltz.

Ammon, G. (1974). Psychoanalytische Traumforschung, Hamburg: Hoffmann und Campe.

Antonovsky, A., Franke, A. (Hrsg.) (1997). Salutogenese. Zur Entmystifizierung der Gesundheit. Tübingen: dgvt.

Bamberger, G. G. (2005). Lösungsorientierte Beratung. Weinheim: Beltz.

Bandura, A. (1997). Self-efficacy. The Exercise of Control. New York: Freeman & Co.

Bandura, A., Wood, R. (1989). Effect of perceived controllability and performance standards on self-regulation of complex decision-making. Journal of Personality and Social Psychology, 56, 805–814.

Baumgarten, I. (2013). Lautes Lesen: im Dialog mit dem eigenen Text. Die eigene Stimme als Ressource der Selbstvergewisserung. In S. Heimes, P. Rechenberg-Winter, R. Haußmann (Hrsg.), Praxisfelder des kreativen therapeutischen Schreibens. Göttingen: Vandenhoeck & Ruprecht.

Bentele, M., Fellermann, J. (2012). Womit Supervision und Coaching zu tun haben werden. Schlaglichter auf Veränderungen in Gesellschaft, Arbeit und Beratung. Kassel: University Press.

Biniek, E. (1982). Psychotherapie mit gestalterischen Mitteln. Eine Einführung in die Gestaltungstherapie. Darmstadt: WBG.

Bleckwedel, J. (2008). Kreative Methoden in der Arbeit mit Familien und Paaren. Göttingen: Vandenhoeck & Ruprecht.

Bloch, E. (1959). Das Prinzip Hoffnung. Bd. 1. Frankfurt a. M.: Suhrkamp.

Bloch, E. (1964). Tübinger Einleitung in die Philosophie I. Frankfurt a. M.: Suhrkamp.

Boni-Tamm, G. (2006). Zur Bewältigung von Arbeitsbelastungen im Lebenszusammenhang von erwerbstätigen Frauen am Beispiel von Erzieherinnen und Lehrerinnen, unveröffentlichte Dissertation, Universität Hamburg 2005. Zugriff am 16.07.2011 unter http://ediss.sub.uni-hamburg.de

Bräuer, G. (1998). Schreibend lernen. Grundlagen einer theoretischen und praktischen Schreibpädagogik. Innsbruck: Studien-Verlag.

Bräuer, G. (2005). Kreatives Schreiben in der Schreibberatung. In K. Ermert, O. Kutzmutz (Hrsg.), Wie aufs Blatt kommt, was im Kopf steckt. Über Kreatives Schreiben (S. 125–138). Wolfenbüttel: WAT.

Breton, A. (1924/1986). Erstes Manifest des Surrealismus. In A. Breton, Die Manifeste des Surrealismus (S. 9–43). Reinbek: Rowohlt.

Buzan, T. (2005). Das Mind-Map-Buch. Die beste Methode zur Steigerung Ihres geistigen Potenzials. Landsberg am Lech: mvg Verlag.

Cameron, J. (1996). Der Weg des Künstlers. Ein spiritueller Pfad zur Aktivierung unserer Kreativität. München: Knaur.

Conen, M.-L. (2006). Systemische Therapie – ein Steinbruch? Zeitschrift für systemische Therapie und Beratung, 24 (3), 122–126.

Cremer, C., Drechsler, M., Mischon, C., Spall, A. (1996). Fenster zur Kunst: Ideen für kreative Museumsbesuche. Berlin: Schibri.

de Shazer, S. (2006). Der Dreh. Heidelberg: Carl-Auer.

Elbow, P. (1998). Writing without teachers. New York: Oxford University Press.

Elbow, P., Belanoff, P. (1989). Sharing and Responding. New York: Random House.

Fengler, J. (2002). Helfen macht müde. Zur Analyse und Bewältigung von Burnout und beruflicher Deformation. München: Pfeiffer.

Fröchling, J. (1998). Was beim Schreiben so passiert und wie man damit umgehen kann. PTl-lnfo, 9, 74.

Furman, B. (1999). Es ist nie zu spät, eine glückliche Kindheit zu haben. Dortmund: Borgmann.

Gesing, F. (2010). Kreativ schreiben. Handwerk und Techniken des Erzählens. Köln: Dumont.

Girgensohn, K. (2011). Schreibstrategien beim Stationenlernen erweitern. Arbeitsmaterial für individualisierte Lernformen in Schreibseminaren. Lehrbrief ASH, Berlin.

Girgensohn, K., Jakob, R. (2010). 66 Schreibnächte. Anstiftung zur literarischen Geselligkeit. Ein Praxisbuch zum kreativen Schreiben. Baltmannsweiler: Schneider Verlag.

Gudjons, M., Pieper, H., Keßler, N. (1998). Schreiben und Lesen in psychischen Krisen. Bonn: Psychiatrie-Verlag.

Han, B.-C. (2010). Müdigkeitsgesellschaft. Berlin: Matthes und Seitz.

Hart, O. van der (1993). Abschiednehmen. Abschiedsrituale in der Psychotherapie. Stuttgart: Klett-Cotta.

Haslinger, J., Treichel, H.-U. (2006). Schreiben lernen. Schreiben lehren. Frankfurt a. M.: Fischer.

Hatzelmann, E., Held, M. (2004). Zeitkompetenz: Die Zeit für sich gewinnen. Übungen und Anregungen für den Weg zum Zeitwohlstand. Weinheim: Beltz.

Haubl, R., Voß, G.G. (2009). Psychosoziale Kosten turbulenter Veränderungen. Arbeit und Leben in Organisationen 2008. Positionen. Beiträge zur Beratung in der Arbeitswelt. Köln: DGSv.

Haußmann, R. (2013). Wenn ich schreibe … Kreatives Schreiben zur Bewältigung von Belastungen im Arbeitsprozess. In S. Heimes, P. Rechenberg-Winter, R. Haußmann (Hrsg.), Praxisfelder des kreativen und therapeutischen Schreibens. Göttingen: Vandenhoeck & Ruprecht.

Heimes, S. (2009). Kreatives und therapeutisches Schreiben. Göttingen: Vandenhoeck & Ruprecht.

Heimes, S. (2010). Know-how oder Know-what – auf der Suche nach geeigneten Evaluationsmethoden in den Künstlerischen Therapien. Kunst & Therapie. Zeitschrift für bildnerische Therapien, 2, 11–15.

Heimes, S. (2012). Warum Schreiben hilft. Die Wirksamkeitsnachweise zur Poesietherapie. Göttingen: Vandenhoeck & Ruprecht.
Heimes, S., Rechenberg-Winter, P., Haußmann, R. (Hrsg.) (2013). Praxisfelder des kreativen und therapeutischen Schreibens. Göttingen: Vandenhoeck & Ruprecht.
Hintermair, M. (2002). Kohärenzgefühl und Behinderungsverarbeitung. Eine impirische Studie zum Belastungs-Bewältigungserleben von Eltern hörgeschädigter Kinder. Beiheft 45 zur Hörgeschädigtenpädagogik. Heidelberg: Median.
Herrlen-Pelzer, S., Rechenberg, P. (1998). Malen mit Krebspatienten. Ulm: Urban & Fischer.
Holm-Hadulla, R. M. (2005). Kreativität. Konzept und Lebensstil. Göttingen: Vandenhoeck & Ruprecht.
Horn, B., Mehl, M. R. (2010). Expressives Schreiben als Copingtechnik: Ein Überblick über den Stand der Forschung. Verhaltenstherapie, 14, 274–283.
Hubble, M. A., Duncan, B. L., Miller, S. D. (2001). So wirkt Psychotherapie. Empirische Forschung und praktische Folgerungen. Dortmund: Verlag modernes Lernen.
Hüther, G. (2012). Potentialentfaltung. Zugriff am 08.06.2012 unter http:77www.youtube.com/watch?v=YiS6S_d8dB8&feature=youtube_gdata_player
Jeschke, K., Wolff, S. (2010). Zwischen Wachstum und Stagnation – Die professionelle Entwicklung von Psychotherapeut/inn/en über die Lebensspanne. Psychotherapeutenjournal, 1, 25–33.
Kaiser, C. (2009). Gestärkt aus der Krise. EB Kurs, 23, 6–12.
Kast, V. (1997). Freude, Inspiration, Hoffnung. München: DTV.
Keupp, H. (2012). Riskante Chancen: Das sich erschöpfende Selbst auf dem Fitnessparcour des globalen Kapitalismus. In M. Bentele, M., J. Fellermann, J. (Hrsg.), Womit Supervision und Coaching zu tun haben werden (S. 24–45). Kassel: University Press.
Klasen, M. (2010). Entwicklung eines Fragebogens. Erfassung der therapeutischen Beziehung unter Einsatz von Informations- und Kommunikationstechnologie im nicht-visuellen Setting. Diplomarbeit im Studiengang Psychologie der Universität Bremen.
Koch, H. H., Keßler, N. (Hrsg.) (1998). Schreiben und Lesen in psychischen Krisen. Bonn: Paranus.
Kolb, D. A. (1984). Experimental learning. Experience as the source of learning and development. New Jersey: Englewoods Cliffs.
Krechel, U. (2010). In Zukunft schreiben. Handbuch für alle, die schreiben wollen (3. Aufl.). Salzburg u. Wien: Jung und Jung.
Kruse, O. (1994). Keine Angst vor dem leeren Blatt. Ohne Schreibblockaden durchs Studium. New York u. Frankfurt a. M.: Campus Verlag.
Lane, B. (1995). Schreiben heißt sich selbst entdecken. Kreatives Schreiben autobiografischer Texte. Augsburg: Augustus.
Laske, S., Orthey, A., Schmid, M. (Hrsg.). Handbuch PersonalEntwickeln. Köln: Carl Heymanns.

Lenz, A., Stark, W. (Hrsg.) (2002). Empowerment: Neue Perspektiven für psychosoziale Praxis und Organisation. Tübingen: dgvt.

Leypold, H. (2009). Das Resilienzmodell als bestimmender Einflussfaktor für erfolgreiche Organisations- und Personalentwicklung. Berlin: Logos.

Ludewig, K. (2007). Ausgewählte Themen systemischer Theorie und Praxis. Festvortrag zum zehnjährigen Bestehen des Sächsischen Instituts für systemische Beratung und Therapie/Familientherapie, Hohenstein-Ernstthal am 07.07.2007.

Luhmann, N. (1986). Systeme verstehen Systeme. In N. Luhmann, E. Schorr, Zwischen Intransparenz und Verstehen. Frankfurt a. M.: Suhrkamp.

Luhmann, N. (1994). Soziale Systeme. Frankfurt a. M.: Suhrkamp.

Mattenklott, G. (1979). Literarische Geselligkeit. Stuttgart: Transit.

Mischon, C. (2010). Lehrbrief kreatives Schreiben. Berlin: Alice Salomon Hochschule.

Müller, M. (2012). Aushalten oder widerstehen? Resilienz in Krisen, Leid und Trauer. Leidfaden, 1 (2), 14–22.

Neumann, W. (1999). »Spurensuche« als psychologische Erinnerungsarbeit. Die Suche nach und die Verarbeitung von seelischen Spuren der NSVergangenheit im psychologischen Beratungskontext an der Hochschule. Tübingen: dgvt.

Ortheil, H.-J. (2005). Der Studiengang »Kreatives Schreiben und Kulturjournalismus« an der Universität Hildesheim. In K. Ermet, O. Kutzmutz (Hrsg.), Wie aufs Blatt kommt, was im Kopf steckt. Über Kreatives Schreiben (S. 61–75). Wolfenbüttel: Reihe Wolfenbütteler Akademietexte.

Ortheil, H.-J. (2012). Schreiben auf Reisen. Mannheim: Bibliographisches Institut.

Pennebaker, J. W. (2010). Heilung durch Schreiben. Ein Arbeitsbuch zur Selbsthilfe. Bern: Huber.

Petzold, H., Orth, I. (2005). Poesie und Therapie. Über die Heilkraft der Sprache: Poesietherapie, Bibliotherapie, Literarische Werkstätten. Bielefeld: Aisthesis.

Pietsch, G., Schumacher, S. (2009). Mitarbeiter krisenfest machen. Das Personal, 61 (11), 38–40.

Platsch, A. (2010). Schreiben als Weg. Von der kreativen Kraft des Wortes. Bielefeld: Theseus.

Potreck-Rose, F., Jacob, G. (2006). Selbstzuwendung, Selbstakzeptanz, Selbstvertrauen. Psychotherapeutische Interventionen zum Aufbau von Selbstwertgefühl. Stuttgart: Klett-Cotta.

Rampe, M. (2005). Der R-Faktor. Das Geheimnis unserer inneren Stärke. München: Knaur.

Rechenberg-Winter, P. (2013). Kreatives Schreiben – ein methodischer Ansatz in der systemischen Beratung, der Psychotherapie und im Coaching. Eine Prozessdokumentation. In S. Heimes, P. Rechenberg-Winter, R. Haußmann (Hrsg.), Praxisfelder des kreativen therapeutischen Schreibens. Göttingen: Vandenhoeck & Ruprecht.

Reckwitz, A. (2012). Die Erfahrung der Kreativität. Zum Prozess gesellschaftlicher Ästhetisierung. Frankfurt a. M.: Suhrkamp.

Reddemann, L. (2006a). Eine Reise von 1.000 Meilen beginnt mit dem ersten Schritt. Seelische Kräfte entwickeln und fördern. Freiburg: Herder Spektrum.

Reddemann, L. (2006b). Überlebenskunst. Von Johann Sebastian Bach lernen und Selbstheilungskräfte entwickeln. Stuttgart: Klett-Cotta.

Renolder, C., Scala, E., Rabenstein, R. (2007). Einfach systemisch! Systemische Grundlagen & Methoden für Ihre pädagogische Arbeit. Münster: ökotopia.

Richter, K. F. (2010.) Coaching als kreativer Prozess (2. Aufl.). Göttingen: Vandenhoeck & Ruprecht.

Rico, G. L. (1999). Von der Seele schreiben. Im Prozess des Schreibens den Zugang zu tief verborgenen Gefühlen finden. Paderborn: Junfermann Verlag.

Rico, G. L. (1984/2004). Garantiert schreiben lernen. Sprachliche Kreativität methodisch entwickeln – ein Intensivkurs auf der Grundlage der modernen Gehirnforschung. Reinbek: Rowohlt.

Ruhe, H. G. (1998). Methoden der Biografiearbeit. Lebensgeschichte und Lebensbilanz in Therapie, Altenhilfe und Erwachsenenbildung. Weinheim: Beltz.

Scheidt, J. vom (1995). Kreatives Schreiben. Wege zu sich selbst und zu anderen. Frankfurt a. M.: Fischer.

Scheidt, J. vom (2006). Kreatives Schreiben – Hyperwriting. Texte als Weg zu sich selbst und zu anderen. München: Allitera.

Scheidt, J. vom (2012). Brücke ins Unbewusste. Kreatives Schreiben als Prozess der Selbsterkennung (Interview). Leidfaden, 1 (2), 50–52.

Schenkel, E. (1998). Das Unlehrbare lernen? Erfahrungen mit Creative Writing in den USA. In S. Bach, E. Schenkel (Hrsg.), Creative Writing – Kreatives Schreiben. Berichte aus den Bereichen Schule, Volkshochschule, Universität, Psychotherapie und Journalismus (S. 61–70). Eggingen: Edition Isele.

Scheuermann, U. (2009). Wer reden kann, macht Eindruck – wer schreiben kann, macht Karriere. Ein Schreibfitnessprogramm für mehr Erfolg im Job. Wien: Linde.

Scheuermann, U. (2011). Die Schreibfitnessmappe. 60 Checklisten, Beispiele und Übungen für alle, die beruflich schreiben. Wien: Linde.

Schlippe, A. von, Schweitzer, J. (2012). Lehrbuch der systemischen Therapie und Beratung I. Das Grundlagenwissen. Göttingen: Vandenhoeck & Ruprecht.

Schulz von Thun, F., Segemann, W. (Hrsg.) (2004). Das Innere Team in Aktion. Praktische Arbeit mit einem Modell. Reinbek: Rowohlt.

Schwing, R., Fryszer, A. (2006). Systemisches Handwerk. Werkzeuge für die Praxis. Göttingen: Vandenhoeck & Ruprecht.

Senge, P. M., Kleiner, A., Roberts, C. (Hrsg.) (1996). Das Fieldbook zur ›Fünften Disziplin‹. Stuttgart: Klett Cotta.

Sigrist, U. (2010). Der Resilienzprozess. Ein Modell zur Bewältigung von krankheitsbedingten Belastungen im Arbeitsleben. Wiesbaden: VS Verlag für Sozialwissenschaften.

Simon, F. B. (2008). Einführung in Systemtheorie und Konstruktivismus. Heidelberg: Carl-Auer.

Simon, F., Rech-Simon, C. (2007). Zirkuläres Fragen. Systemische Therapie in Fallbeispielen. Ein Lernbuch (8. Aufl.). Heidelberg: Carl-Auer.

Spitzer, M. (2011). Wie unser Gehirn lernt. Vortrag auf YouTube. Zugriff am 30.08.2012 unter https://www.youtube.com/watch?v=OYjudRF9y90

Stark, W. (1996). Neue Handlungskompetenzen in der psychosozialen Praxis. Freiburg: Lambertus.

Stierlin, H. (1976). Das Tun des einen ist das Tun des anderen. Eine Dynamik menschlicher Beziehungen. Frankfurt a. M.: Suhrkamp.

Theuretzbacher, K., Nemetschek, P. (2009). Coaching und Systemische Supervision mit Herz, Hand und Verstand. Handlungsorientiert arbeiten, Systeme aufbauen. Stuttgart: Klett-Cotta.

Thinschmidt, M. (2009). Berufliche und gesundheitliche Situation von Kita-Personal in Deutschland. Medizinische Fakultät Carl Gustav Carus, Würzburg 2009. Zugriff am 23.08.2011 unter www.landkreis-wuerzburg.de

Thinschmidt, M. (2010). Impulsvortrag zur Fachtagung: »Gesunde Erzieherinnen und Erzieher. Starke Kinder«. Potsdam 2010. Zugriff am 16.07.2011 unter http://www.masf.brandenburg.de

van Gennep, A. (1909). Les rites de passage. Paris: É. Nourry.

Varga von Kibéd, M., Sparrer, I. (2005). Ganz im Gegenteil. Tetralemmaarbeit und andere Grundformen Systemischer Strukturaufstellungen – für Querdenker und solche, die es werden wollen. Heidelberg: Carl-Auer.

Vopel, K. (2006). Schreibwerkstatt 2. Eine Anleitung zum kreativen Schreiben für Lehrer, Schüler und Autoren. Salzhausen: iskopress.

Wagner, A. C. (2008). Gelassenheit und Handlungsfähigkeit durch Introvision als Methode der mentalen Selbstregulation. Eine Einführung. Gruppendynamik und Organisationsberatung, 39 (2), 135–149.

Wallas, G. (1926). The Art of Thought. New York: Harcourt Brace.

Watkins, J. G., Watkins, H. H. (2003). Ego-States. Theorie und Therapie. Heidelberg: Carl-Auer.

Watzlawick, P. (1979). Die Möglichkeit des Andersseins – Zur Technik der therapeutischen Kommunikation. Bern: Huber.

Welter-Enderlin, R., Hildenbrand, B. (Hrsg.) (2006). Resilienz – Gedeihen trotz widriger Umstände. Heidelberg: Carl-Auer.

Werder, L. von (1988). Schreiben als Therapie. München: Pfeiffer.

Werder, L. von (1995). Kreatives Schreiben in den Wissenschaften. Berlin: Schibri.

Werder, L. von (2007). Lehrbuch des Kreativen Schreibens. Wiesbaden: Marix Verlag.

Werder, L. von (2009). Erinnern, Wiederholen, Durcharbeiten. Die eigene Lebensgeschichte kreativ schreiben. Mirow: Schibri.

Yalom, I. D., Elkin, G. (2001). Jeden Tag ein bißchen näher. Eine ungewöhnliche Geschichte. München: btb.

Zech, R. (2008). Handbuch Qualität in der Weiterbildung. Weinheim u. Basel: Beltz.

Zirkel, C. (2010). Lehrbrief ASH Berlin. Unveröffentlichtes Manuskript.